走进大学
DISCOVER UNIVERSITY

什么是统计学？

WHAT IS STATISTICS?

王兆军 编著

大连理工大学出版社
Dalian University of Technology Press

图书在版编目(CIP)数据

什么是统计学？/ 王兆军编著. -- 大连：大连理工大学出版社，2024.1
ISBN 978-7-5685-4474-0

Ⅰ.①什… Ⅱ.①王… Ⅲ.①统计学-普及读物 Ⅳ.①C8-49

中国国家版本馆 CIP 数据核字(2023)第 105952 号

什么是统计学？ SHENME SHI TONGJIXUE？

策划编辑：苏克治
责任编辑：王 伟
责任校对：李宏艳
封面设计：奇景创意

出版发行：大连理工大学出版社
　　　　　（地址：大连市软件园路 80 号，邮编：116023）
电　　话：0411-84708842(发行)
　　　　　0411-84708943(邮购)　0411-84701466(传真)
邮　　箱：dutp@dutp.cn
网　　址：https://www.dutp.cn

印　　刷：辽宁新华印务有限公司
幅面尺寸：139mm×210mm
印　　张：6.75
字　　数：127 千字
版　　次：2024 年 1 月第 1 版
印　　次：2024 年 1 月第 1 次印刷
书　　号：ISBN 978-7-5685-4474-0
定　　价：39.80 元

本书如有印装质量问题，请与我社发行部联系更换。

出版者序

高考,一年一季,如期而至,举国关注,牵动万家!这里面有莘莘学子的努力拼搏,万千父母的望子成龙,授业恩师的佳音静候。怎么报考,如何选择大学和专业,是非常重要的事。如愿,学爱结合;或者,带着疑惑,步入大学继续寻找答案。

大学由不同的学科聚合组成,并根据各个学科研究方向的差异,汇聚不同专业的学界英才,具有教书育人、科学研究、服务社会、文化传承等职能。当然,这项探索科学、挑战未知、启迪智慧的事业也期盼无数青年人的加入,吸引着社会各界的关注。

在我国，高中毕业生大都通过高考、双向选择，进入大学的不同专业学习，在校园里开阔眼界，增长知识，提升能力，升华境界。而如何更好地了解大学，认识专业，明晰人生选择，是一个很现实的问题。

为此，我们在社会各界的大力支持下，延请一批由院士领衔、在知名大学工作多年的老师，与我们共同策划、组织编写了"走进大学"丛书。这些老师以科学的角度、专业的眼光、深入浅出的语言，系统化、全景式地阐释和解读了不同学科的学术内涵、专业特点，以及将来的发展方向和社会需求。希望能够以此帮助准备进入大学的同学，让他们满怀信心地再次起航，踏上新的、更高一级的求学之路。同时也为一向关心大学学科建设、关心高教事业发展的读者朋友搭建一个全面涉猎、深入了解的平台。

我们把"走进大学"丛书推荐给大家。

一是即将走进大学，但在专业选择上尚存困惑的高中生朋友。如何选择大学和专业从来都是热门话题，市场上、网络上的各种论述和信息，有些碎片化，有些鸡汤式，难免流于片面，甚至带有功利色彩，真正专业的介绍尚不多见。本丛书的作者来自高校一线，他们给出的专业画像具有权威性，可以更好地为大家服务。

二是已经进入大学学习，但对专业尚未形成系统认知的同学。大学的学习是从基础课开始，逐步转入专业基础课和专业课的。在此过程中，同学对所学专业将逐步加深认识，也可能会伴有一些疑惑甚至苦恼。目前很多大学开设了相关专业的导论课，一般需要一个学期完成，再加上面临的学业规划，例如考研、转专业、辅修某个专业等，都需要对相关专业既有宏观了解又有微观检视。本丛书便于系统地识读专业，有助于针对性更强地规划学习目标。

三是关心大学学科建设、专业发展的读者。他们也许是大学生朋友的亲朋好友，也许是由于某种原因错过心仪大学或者喜爱专业的中老年人。本丛书文风简朴，语言通俗，必将是大家系统了解大学各专业的一个好的选择。

坚持正确的出版导向，多出好的作品，尊重、引导和帮助读者是出版者义不容辞的责任。大连理工大学出版社在做好相关出版服务的基础上，努力拉近高校学者与

读者间的距离,尤其在服务一流大学建设的征程中,我们深刻地认识到,大学出版社一定要组织优秀的作者队伍,用心打造培根铸魂、启智增慧的精品出版物,倾尽心力,服务青年学子,服务社会。

"走进大学"丛书是一次大胆的尝试,也是一个有意义的起点。我们将不断努力,砥砺前行,为美好的明天真挚地付出。希望得到读者朋友的理解和支持。

谢谢大家!

苏克治

2021 年春于大连

序

我国经济学家、人口学家和教育家马寅初(1882—1982),在谈论统计时曾经说过:学者不能离开统计而研究,政治家不能离开统计而施政,事业家不能离开统计而执业,军事家不能离开统计而谋略。可见统计在许多领域都非常有用。

国际著名统计学家 C.R.劳(C.R. Rao,1920—2023)在其所著《统计与真理》一书的前言中讲道:在终极的分析中,一切知识都是历史。在抽象的意义下,一切科学都是数学。在理性的基础上,一切判断都是统计学。(All knowledge is, in the final analysis, history. All sciences are, in the abstract, mathematics. All methods of acquiring knowledge are statistics.）可见，凡理性判断都要利用统计。

那么什么是统计呢？现在高中数学中都有统计模块，包括均值与方差、频率直方图、随机抽样等知识点。这是统计，但这只是统计的沧海一粟，也只是统计中最基本的概念。那么什么是统计？简言之，统计是研究数据的科学与艺术。什么是数据？统计能做什么？统计源自何处？统计有什么可研究的？统计都有什么课程？我国统计现状如何？等等。针对这些问题，本书作者尝试给出自己的理解，这就是写作本书的目的。

第一部分主要讲述统计的起源与定义，以及统计的研究内容；第二部分通过讲述统计与数学、人工智能、数据科学的区别，以及一些统计知识，让大家对统计有一个初步的认识；第三部分讲述如何理解统计的艺术性；第四部分通过一个例子来看如何利用统计方法进行数据初步分析，并讲述三个有用的数据分析工具及几个研究方向；第五部分简单介绍了我国统计发展概况，包括我国五位统计先驱、学科评估结果，以及国内与统计相关的学术组织及国家一级学会等；附录汇总了国际统计最高奖——COPSS

奖获奖名录,并简单介绍了四个与统计相关的国际学术组织。后记简述了大数据时代统计的机遇与挑战。

在阅读本书之前,我们有必要对本书中所谈论的"统计"一词作一说明。我国统计包括数理统计与经济统计两个方向。由于作者对经济统计没有研究,故本书所谈论的统计仅指数理统计。实际上,境外的统计也多指数理统计,而少有数理统计与经济统计之别。虽然统计最早的起源与国民经济密不可分,且国内经济统计在某些研究方向,如国民经济核算、指标体系、投入产出等都有很深入的研究,但由于作者知识所限,并考虑到国际通行说法,故本书所谈论的"统计",均指国内所说的数理统计。关于什么是经济统计,请有兴趣的读者参阅相关文献。

南开大学统计与数据科学学院前副书记任子雄在资料收集、某些章节的撰写等方面都做了大量工作,理应是另一作者,但他谦让,故作者对他辛苦的付出表示衷心感谢。另外,在编写过程中,作者参考了在参考文献中列出或没有列出的多位教授、学者的有关内容,在此表示衷心的感谢。特别地,林共进教授、史宁中教授、唐年胜教授、王静龙教授、徐宗本院士等所做演讲中的某些素材给予作

者很多启发,在此表示感谢。再者,非常感谢大连理工大学出版社提供的介绍统计学科的机会与平台,感谢大连理工大学出版社"走进大学"丛书项目组为此套丛书的出版所付出的辛苦。最后,感谢天津职业技术师范大学的曲克杰老师,美国礼来制药公司人工智能与机器学习部总监付颢达先生,中国人民大学的朱利平教授,南开大学统计与数据科学学院的邹长亮教授、李忠华副教授和耿薇副教授在本书写作中给予的帮助。

由于本书定位是面向高中生或非统计专业大学生的科普读物,以及统计专业本科的统计入门书,故在撰写过程中,我们尽量不涉及太多的数学公式和统计专业术语,以及某些结论所需要的严格数学条件。另外,限于编者对统计的了解及理解,故在编写之中难免会有许多不妥,也敬请读者批评指正。

编著者

2023 年 1 月于天津

目 录

统计的起源与定义 / 1
引 言 / 1
统计的起源 / 7
正态分布与最小二乘 / 9
《观察》一书 / 12
豌豆杂交实验 / 15
洛桑试验站 / 18
统计的定义 / 20
统计的研究内容 / 24

统计初识 / 30
统计与三个相关学科的异同 / 30
统计与数学 / 31
统计与人工智能 / 33
统计与数据科学 / 36
假设检验 / 38

小样本统计 / 42

非参数统计 / 47

贝叶斯统计 / 57

重抽样 / 62

不完全数据的 EM 算法 / 66

随机双盲对比试验 / 76

统计艺术 / 81

数据的大与小 / 82

数据的随机性 / 86

人的经验与创造性 / 92

飞机装甲与坦克数量 / 92

《红楼梦》与统计 / 94

南丁格尔与统计 / 96

物体称重 / 97

让数据说话 / 99

平均值 / 100

相关与因果 / 103

统计方法初步 / 107

数据分析实例 / 108

三个常用工具 / 119

正态性检验 / 119

数据正态化变换 / 120

数据独立性检验 / 122

　五个研究方向 / 124

　　试验设计 / 125

　　回归分析 / 131

　　极值统计 / 137

　　抽样调查 / 140

　　在线监控 / 144

我国统计发展概况 / 154

　五位统计先驱 / 154

　　吴定良先生 / 154

　　何廉先生 / 156

　　许宝騄先生 / 158

　　魏宗舒先生 / 160

　　陈希孺先生 / 161

　发展历程 / 162

　学科评估结果 / 165

　　涉及统计的国家二级重点学科 / 166

　　统计一级学科评估 / 167

　国家一流学科和一流本科专业 / 168

　　国家一流学科 / 168

　　国家一流本科专业 / 169

　统计的三个学术组织 / 172

本科教学指导委员会 / 172

　　学科评议组 / 173

　　专业学位研究生教育指导委员会 / 173

与统计相关的国家一级学会 / 174

　　中国统计学会 / 174

　　中国现场统计研究会 / 176

　　中国统计教育学会 / 177

　　中国商业统计学会 / 177

　　全国工业统计学教学研究会 / 179

参考文献 / 181

附　录 / 183

　附录1　COPSS 奖获奖名录 / 183

　附录2　四个与统计相关的国际学术组织 / 186

　　国际数理统计学会 / 186

　　国际统计学会 / 186

　　伯努利数理统计与概率学会 / 187

　　国际泛华统计协会 / 188

后　记 / 189

"走进大学"丛书书目 / 195

统计的起源与定义

在理性的基础上，一切判断都是统计学。

——C.R.劳

▶▶引　言

随着我们进入数字时代与人工智能时代，可以说，数据无处不在，数据无处不用，数据是生产要素，数据是我们每个人的日常生活都离不开的元素。如何利用这些数据为我们服务，如何让数据说话呢？要回答这个问题，就离不开统计。我们先看几组数据：

"88,3x"，

"99:8179,7954,76269,8406,9405."

这些我们在网络中经常遇到的用数字表达的"网络语言"，它们所表达的意思是：

"拜拜,谢谢"，

"舅舅:不要吃酒,吃酒误事,吃了二两酒,

不是动怒,就是动武。"

此时,我们并没有利用统计知识来"解密"这些数字,而只是利用了数字的谐音来表达其含义,但这些隐藏在数字中的"信息"仍需要我们来挖掘,若不知道"谐音"这把钥匙,则无法知道其真实含义。如何科学地挖掘数字中的真实含义,就是统计这把钥匙的作用。

大家对"统计"一词并不陌生,且在日常生活中经常使用"统计"一词,如统计一下出勤率,统计一下班上男女生比例,每场足球比赛的技术统计,等等。2022年卡塔尔世界杯已经结束,但在开战之前,有人对2018年俄罗斯世界杯48场小组赛及16场淘汰赛的比分与进球数据进行了如下统计:

• 关于48场小组赛

有9场平局,其他39场都分出了胜负:

＊平局中,比分3∶3的1场、比分2∶2的3场、比分1∶1的4场、比分0∶0的1场;

＊分出胜负的39场中,比分1∶0的13场,2∶1的11场,2∶0的6场,3∶0的5场,3∶1、6∶1、5∶0、5∶2的各1场。

进球数:0球的1场、1球的13场、2球的10场、3球的16场、4球的4场、5球的1场、6球的1场、7球及以上的2场。

• 关于16场淘汰赛

1~4场通过点球决胜;

4场2∶0,3场2∶1,3场1∶1,2场1∶0,1场2∶2,3场3∶2以上比分。

这些统计数据是对全部比赛进行了简单的数据汇总,还有更详细的技术统计,如两个球队的控球时间、角球个数、射门次数、射中球门的次数,以及所有球员的触球次数、奔跑距离等。另外,为了便于大家预测比赛结果,也有人把主力队员触球的最长时间、最短时间、最长与最短奔跑距离等进行了汇总。这种"统计"是本书要讲述的统计吗?显然,这些"统计"仅是对比赛数据的简单加和,以及某段时间内的最大值、最小值汇总等,这种"统计"并不是我们要讲述的统计的全部,况且这些数据也不能算是大数据,故这种统计没有什么"技术含量"。

另外,在每场足球比赛之前,裁判通过掷一枚硬币,以决定哪支球队先选。不知是否有人问:这枚硬币均匀吗?即正反面出现的概率都等于1/2吗?如果需要事先判定,那么如何解决?要解决此问题,大家就要学习统计中的假设检验(hypothesis testing)知识。

反观2022年卡塔尔世界杯,场上足球内置的传感器,每秒可记录球的500个运行数据,且发送给视频操作室;每座球场顶部都有12台特制摄像机,收集最多29个点位的数据,并以每秒50次的频率发送给视频操作室;视频操作室根据回传数据,形成3D动画图像,帮助裁判判罚。可以说,这届世界杯是大数据、人工智能与高科技的首次全方位融合。

我们再看几个日常生活中大家可能遇到的例子。

如图 1 所示为新型冠状病毒抗原检测阳性显示状态，那么大家知道这里的 C 与 T 是什么意思吗？它与统计有关吗？事实上，这是生物统计中的对比实验，其中 C 代表对照组（contrast），T 代表处理组（treatment）。要判断一个药物有效与否，要判断一个人是否"感染"，就要通过对比实验，没有对比，就没有可信的结论。

图 1　新型冠状病毒抗原检测阳性显示

还有，大家在高考填报志愿时，都非常关注各高校的"排名"，以及自己所报院校某专业的全国"排名"。那么这些排名是怎么得到的呢？

要回答上述两个问题，就要涉及指数或排名所用的指标体系。下面以 2021 年进行的全国第五轮学科评估中关于统计学的评估为例，叙述指标体系及评估程序如下：

- 为衡量一个学科的"好坏"，第五轮统计学学科评估的指标体系见表 1；
- 各参评单位填写上述指标体系中的内容；
- 教育部教育质量评估中心向部分毕业生及用人单位发放调查问卷；
- 教育部教育质量评估中心对申报数据进行交叉

核实；

• 教育部教育质量评估中心邀请部分专家对定性描述指标打分；

• 赋予上述各指标相应权重,最后加权平均得到的综合评分,即评估得分。

表 1　第五轮统计学学科评估的指标体系

一级指标	二级指标	三级指标
A.人才培养质量	A1.思政教育	S1.思想政治教育特色与成效
	A2.培养过程	S2.出版教材质量
		S3.课程建设与教学质量
		S4.科研育人成效
		S5.学生国际交流情况
	A3.在校生	S6.在校生代表性成果
		S7.学位论文质量
	A4.毕业生	S8.学生就业与职业发展质量
		S9.用人单位评价
B.师资队伍与资源	B1.师资队伍	S10.师德师风建设成效
		S11.师资队伍建设质量
	B2.平台资源	S12.支撑平台
C.科学研究水平	C1.科研成果	S13.学术论文质量
		S14.学术著作质量
	C2.科研项目与获奖	S15.科研项目情况
		S16.科研获奖情况
D.社会服务与学科简介	D1.社会服务	S17.社会服务贡献
	D2.学科简介	S18.学科简介

从上述描述可以看出,最终的学科排名就是按照上述各指标得分的加权平均得到的。大家可能会有下述问题:这些指标体系是怎么构建的？指标体系能否反映一

个学科的真实情况？指标权重如何确定？调查问卷要发放多少份？回收率不同怎么办？专家对定性描述指标打分时，其基准分不同怎么办？为了给上述问题一个科学合理的解答，这就要用到统计学知识了。

　　国内统计学包括数理统计与经济统计两个分支。一般来讲，数理统计多数在综合性大学或理工类大学的数学院、数学与统计学院、统计学院，而经济统计多数在财经类院校的统计学院、综合性大学的经济学院或管理学院。从研究生培养来看，统计学分布在三个一级学科：一是统计学一级学科下的统计学（可授理学或经济学学位），二是应用经济学一级学科下的经济统计学（授经济学学位），三是数学一级学科下的概率论与数理统计（授理学学位）；从本科生培养来看，统计学分布在两个门类：一是理学门类下的统计学（授理学学位）和应用统计学（授理学或经济学学位），二是经济学门类下的经济统计专业（授经济学学位）。另外，在公共卫生与预防医学一级学科下设有流行病与卫生统计学，部分医学院校在公共卫生学院下也设有相关统计系。

　　经济统计学主要研究国民经济领域中的统计分析原理和统计分析技术，要求掌握现代经济学的基本方法，熟悉中国经济运行与改革实践。由于作者对经济统计没有研究，故本书讲述的统计均是指数理统计，也请对经济统计有兴趣的读者参考相关文献,比如曾五一(1999)[1]、邱东(2018)[2]等的学术论文或著作。

▶▶统计的起源

统计的英文为 Statistics,由它的词根 State 可见,它与处理国家事务有关。据东北师范大学史宁中教授调查发现,我国在周朝就设有统计官员,称为司书。据《周礼·天官·冢宰》记载,设立"司书,上士二人、中士四人、府二人、史四人,徒八人",负责"邦之六典……,以周知入出百物,……,以知田野、夫家、六畜之数"。另外,在我国春秋时期齐国政治家管仲的多篇文章中也提到统计的应用,如在《管子· 七法》中写道:"治民有器,为兵有数,胜敌国有理。……不明于计数,而欲举大事,犹无舟楫而欲经于水险也。"在《管子·问》中写道:"问死事之孤其未有田宅者有乎?问少壮而未胜甲兵者几何人?",如此等等,要回答这些问题,都需要统计。由此可见,我国早就应用统计来处理国事了。

有人说现代统计源自 1662 年出版的《观察》(*Observations*)一书,也有人说源自高斯(Gauss,1777—1855)提出的正态分布与最小二乘。但如果说现代统计理论与

---

[1] 曾五一、尚卫平:《关于经济统计学若干问题的思考》,《统计研究》1999 年第 11 期。
[2] 邱东:《国民经济统计学》(第三版),高等教育出版社,2018。

方法源自卡尔·皮尔逊(Karl Pearson)[①](图2)及罗纳德·艾尔默·费舍尔(Ronald Aylmer Fisher)[②](图3)于20世纪初的研究,我相信不会有人提出异议。实际上,由费舍尔提出的统计理论框架与方法仍是现在统计学的基本内容。

图2 卡尔·皮尔逊

①卡尔·皮尔逊(Karl Pearson,1857—1936),现代统计奠基人之一。1857年3月27日出生于英国伦敦,1879年在剑桥大学获数学学士学位后,马上到德国学习物理与哲学,并取得哲学博士学位;1884年,任伦敦大学教授;1900年提出了著名的χ^2拟合优度检测;在弗朗西斯·高尔顿(Francis Galton,1822—1911)的资助下,于1901年创办了国际著名统计杂志 Biometrika,于1904年创建了伦敦大学生物统计实验室。1936年4月27日去世。

②罗纳德·艾尔默·费舍尔(Ronald Aylmer Fisher,1890—1962),现代统计奠基人之一、遗传学家。1890年2月17日出生于英国伦敦,1912年毕业于剑桥大学天文学系,并通过了数学学位考试。毕业后曾到加拿大务农,也曾在中学教过数学。于1919年经人推荐后,到洛桑农业实验站做数据分析。1933年回到伦敦大学任优生学教授,1943至1957年任剑桥大学遗传系主任。1962年7月29日去世。

图 3　罗纳德·艾尔默·费舍尔

➡➡正态分布与最小二乘

如今,一个大家都普遍接受的说法是,在统计学的历史长河中,天文学和测地学对统计方法的产生和发展起到了很大的推动作用,正如陈希孺院士于 1998 年发表的《最小二乘法的历史回顾与现状》一文[1]中写道:"丹麦统计学家霍尔称天文学和测地学为'数理统计学的母亲'。"可以说,在统计学发展过程中,两个非常重要的概念:最小二乘估计(least square estimation, LSE)与正态分布(normal distribution)。

---

[1] 陈希孺:《最小二乘法的历史回顾与现状》,《中国科学院研究生院学报》1998 年第 1 期。

正态分布的概率密度函数[①]为

$$\phi_{\mu,\sigma^2}(x) = \frac{1}{\sqrt{2\pi}\sigma}\exp\left\{-\frac{(x-\mu)^2}{2\sigma^2}\right\},$$

其中,μ 与 σ^2 分别为其均值与方差,其形状如图 4 所示。原 10 元德国马克,其上也印有上述函数及其曲线,且还有一个人物头像。此人就是著名的数学家、天文学家高斯。由于正态分布是高斯在研究随机误差的分布时于 1805 年提出的,故正态分布也称高斯分布。

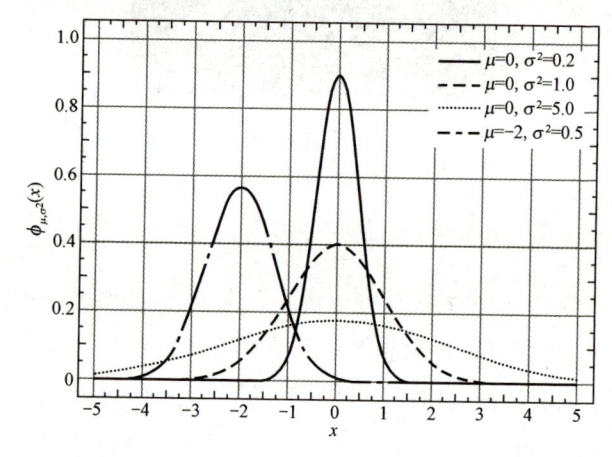

图 4 正态分布的概率密度函数曲线

早在 1632 年,伽利略(Galileo,1564—1642)在其著作《关于两个世界的对话——托雷密与哥白尼》中,就讨论了随机误差及其分布的问题,虽然没有给出正态分布

[①] 对于随机变量 X,其累积分布函数为 $F(x) = P\{X \leq x\}$。若 $F(x)$ 可导,则称其导数为概率密度函数。

这个名词，但他提出了随机误差的分布曲线形状类似现在的正态分布。另外，据史料记载，正态分布的函数形式最早是由法国数学家棣莫弗（Moivre，1667—1754）于1730—1733年，从二项分布逼近角度给出的，但只是一个数学表达式，而不是一个分布。

1801年，意大利天文学家朱塞普·皮亚齐（Giuseppe Piazzi，1746—1826）发现了第一颗小行星——谷神星。跟踪观测谷神星多日后，由于其运行离太阳太近，皮亚齐失去了这颗小行星的轨迹，于是，他将自己以前观测数据（时间、目标相对于地表的高度与角度等）发表出来，希望全球天文学家确定其轨迹，并找到它。高斯得到这个消息后，由于他知道行星的运行轨迹是椭圆，所以就用最小二乘方法计算出了此颗行星的轨迹，算出了其所在位置。1805年，高斯把关于误差分析以及最小二乘等结果发表于其著作《绕日天体运动理论》（*Theoria Motus Corporum Coelestium in Sectionibus Conicis Solem Ambientium*）中。

记皮亚齐观测到的谷神星的数据为
$$(x_i, y_i), i = 1, 2, \cdots, n。$$
由于天体的运行轨迹是椭圆，因此它应满足如下方程
$$f(a_1, \cdots, a_5; x_i, y_i)$$
$$= a_1 x_i^2 + a_2 x_i y_i + a_3 y_i^2 + a_4 x_i + a_5 y_i + 1$$
$$= 0, i = 1, 2, \cdots, n。$$
由于这里未知数仅有5个，而方程个数n大于5，故无法

利用线性方程组求解的方法求得未知系数 $a_1, a_2, \cdots,$ a_5。针对此类问题,高斯给出了如下的求解方法:求 $a_1,$ $a_2, \cdots, a_5$,使得

$$\sum_{i=1}^{n} f^2(a_1, a_2, \cdots, a_5; x_i, y_i)$$

达到最小。由此得到的 a_i 就被称为最小二乘估计。关于最小二乘估计,陈希孺院士在 1998 年的文章中写道:"美国统计史学家 S.M.斯蒂格勒(S. M. Stigler)指出,最小二乘估计是 19 世纪统计学压倒一切的主题。1815 年,这个方法已成为法国、意大利和普鲁士在天文和测地学中的标准工具,到 1825 年时已在英国普遍使用。"陈希孺院士指出,一个方法得到如此迅速的推广和普遍的接受,在科学方法的历史上鲜有类似的例子。

➡➡《观察》一书

也有人认为《观察》(*Observations*)一书(图 5)的出版是现代统计产生的标志。1662 年,约翰·格朗特(John Grant,1620—1674)出版的《观察》一书,对当时英国人口数据,特别是死亡数据进行了较详细的汇总与凝练。

从 14 世纪 40 年代开始,黑死病即鼠疫断断续续地袭击英国 300 多年,导致英国几乎三分之一人口染疫而死,到 17 世纪初,黑死病肆虐了整个欧洲。从 1604 年开始,伦敦教会每周发布一次《死亡公报》(*Bills of Mortality*),包括死亡者名单、年龄、性别及死因,还有出生情

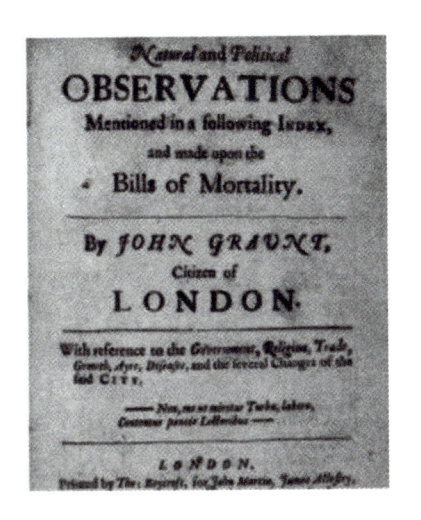

图 5 《观察》(*Observations*)一书的封面

况等。

1620年,约翰·格朗特出生于伦敦一个小商人家庭,16岁开始跟随父亲经营裁缝店的生意。他利用1604年至1662年伦敦教会公布的3 000多期《死亡公报》中的数据,在没有计算机、计算器、算盘等计算工具的帮助下,手工整理了一系列表格,并于1662年出版了《观察》一书,且在书的结束语中写道:"我始终坚信,为了让臣民能过上和平富足的生活,统计作为国家治理的工具十分必要。"当时的英国国王非常赞同他的观点,在《观察》一书出版后,国王亲自推荐他加入刚成立的英国皇家学会。于是,约翰·格朗就成为英国皇家学会的第一批统计学家之一。

《观察》一书发现了许多人口统计学规律,如:

- 新生儿的男女性别比为14∶13;

- 各年龄组男性死亡率高于女性;
- 新生儿的死亡率较高;
- 一般疾病和事故的死亡率较稳定,传染病的死亡率波动较大;
- 生命表[①];
- ……

另外,在此书中,他还提出了异常点(outlier)以及处理方法。表 2 是他汇总的 1603 年与 1625 年的死亡数据。

表 2　1603 年与 1625 年 4~12 月死亡人数与死亡率

时间	死亡总人数/人	正常死亡人数/人	黑死病死亡人数/人	黑死病死亡率/%
1603 年 4~12 月	37 294	6 733	30 561	81.95
1625 年 4~12 月	51 758	16 341	35 417	68.43

格朗特通过对比发现:

- 1625 年的死亡人数为 54 265 人,而 1~3 月没有黑死病死亡报告,
- 1625 年非黑死病死亡人数为 54 265－35 417＝18 848 人,明显高于 1625 年前后几年非黑死病死亡人数 7 000~8 000 人。

因为非黑死病死亡人数应该比较稳定,故格朗特认为 1625 年非黑死病死亡人数比往年多了 11 000 人左右,

[①] 生命表又称死亡率表,它是根据年龄而编制的,反映同时期出生的一批人随着年龄增长至陆续死亡的整个生命过程的一种统计表格,它包括年龄、死亡概率、尚存人数等指标。它是各保险公司设计人寿保险费率的基础。

这不正常。他通过调查发现，不少死者家属行贿，把死亡的原因由黑死病改为其他。这样，1~3月也可能有人死于黑死病，且4~12月不只35 417人死于黑死病。因此，格朗特认为《死亡公报》中关于1625年的黑死病死亡人数为异常值。由于1625年非黑死病死亡人数18 848人比往年多出约11 000人，故格朗特认为这多出的人应该是死于黑死病的。于是，1625年黑死病死亡人数应为

$$35\ 417 + 11\ 000 = 46\ 417(人)，$$

这样，1625年全年黑死病死亡率应为

$$\frac{46\ 417}{54\ 265} \times 100\% = 85.54\%，$$

这与1603年4~12月的死亡率81.95%相当。

虽然此书提出了异常点的处理，也得到了某些非常有用的结论，多数结论仅是数据的加和，而没有提出新的统计方法，但我们不难想象，在没有先进计算工具的1660年左右，面对3 000多期《死亡公报》这样的大数据，其工作量是巨大的。另外，基于上述发现，格朗特也被称为"人口统计学之父"。

➡➡豌豆杂交实验

在高中生物课中，我们都学习过豌豆杂交实验，也知道黄圆豌豆与绿皱豌豆杂交二代中，黄圆、绿圆、黄皱、绿皱四个性状的比例为9∶3∶3∶1。那么大家知道这个比例是怎么得来的吗？实际上，这个结论最早是由孟德尔

(Mendel,1822—1884)通过多年实验观测总结发现的。假设在 556 粒黄圆与绿皱豌豆杂交产生的二代中,观测到黄圆、绿圆、黄皱、绿皱的数量分别是 315、108、101 与 32 粒,我们能判定它们符合 9∶3∶3∶1 的遗传规律吗? 简单计算后,上述 556 粒豌豆杂交二代的比例见表 3。

表 3　556 粒豌豆杂交二代的比例

性状	遗传规律	观测数据
黄圆	56.25%	56.65%
绿圆	18.75%	19.42%
黄皱	18.75%	18.17%
绿皱	6.25%	5.76%
合计	100%	100%

为判断 556 粒豌豆杂交二代的性状比例(表 3 的观测数据)是否符合由表 3 给出的遗传规律,我们以 X 记杂交二代的四个性状,且分别以 1,2,3,4 表示黄圆、绿圆、黄皱、绿皱。由于实验会受到随机因素的影响,故 K. 皮尔逊把此问题归结成检验如下命题

$$H: X \sim \begin{pmatrix} 1 & 2 & 3 & 4 \\ \dfrac{9}{16} & \dfrac{3}{16} & \dfrac{3}{16} & \dfrac{1}{16} \end{pmatrix}。$$

此时有 $n=556$ 粒豌豆杂交二代,如记 n_i 为第 i 个性状的观测值,p_i 为第 i 个性状的理论概率值($i=1,2,3,4$),即

$$n_1=315, p_1=16; n_2=108, p_2=16;$$

$n_3=101, p_3=16; n_4=32, p_4=16$。

则当命题 H 成立时,观测值 n_i 与理论频数 np_i 应该比较接近。于是,K.皮尔逊就提出用如下的量(在统计中称为统计量)

$$\chi^2 = \sum_{i=1}^{4} \frac{(n_i - np_i)^2}{np_i}$$

来衡量命题 H 是否成立。若 χ^2 比较大,则有理由认为命题 H 不成立。

针对这组数据,我们计算得 $\chi^2 = 0.47$。这个值是大还是小呢？在统计中,我们通过概率的大小来衡量一个值的大小。也就是说,若大于此值的概率比较小,则我们认为此值比较大;若小于此值的概率比较小,则我们就认为此值比较小。为计算这样的概率,我们就要知道其概率分布。为此,K.皮尔逊证明:当 n 很大,且当命题成立时,统计量 χ^2 的分布为自由度 3 的 χ^2 分布[1],由此可算得

$$P\{\chi^2 \geqslant 0.47\} = \int_{0.47}^{+\infty} f(x,3) \mathrm{d}x = 0.925,$$

由于此概率非常大,故我们不能说 0.47 大。这也就是说,

---

[1] 在统计文献中,多以 $\chi^2(r)$ 或 χ^2 表示自由度(degree of freedom)为 r 的卡方分布。关于 $\chi^2(r)$ 分布是什么形式,有什么性质等内容,就是统计中三个研究内容之一的抽样分布的研究内容。如记 $\chi^2(r)$ 的概率密度函数为 $f(x, r)$,则

$$f(x, r) = \frac{1}{\Gamma((r+1)/2)2^{r/2}} x^{\frac{r}{2}-1} \mathrm{e}^{-x/2}, x \geqslant 0,$$

其中 $\Gamma(t)$ 表示 Γ 函数,且定义如下:

$$\Gamma(t) = \int_0^{+\infty} x^{t-1} \mathrm{e}^{-x} \mathrm{d}x, t \geqslant 0。$$

我们没有理由说命题 H 不成立,即认为556粒豌豆符合 9∶3∶3∶1 的遗传规律。

在统计中,我们称 K.皮尔逊提出的上述检验为 χ^2 拟合优度检验(χ^2 goodness of fit test),它可以用来解决前述"红楼梦与统计"中提到的红楼梦作者之谜,它是20世纪统计学的伟大成果之一。

➡➡洛桑试验站

英国洛桑试验站[①](Rothamated Experimental Station)是世界上历史最悠久的农业试验站之一,也是世界著名的农业研究所,它坐落在伦敦北部的洛桑庄园,面积325公顷,其中260公顷为农场。1843年洛桑试验站成立伊始时,进行了一系列长期田间试验,旨在比较不同有机、无机肥料对作物产量的影响。它的创始人是洛桑庄园的主人约翰·本尼特·劳斯(John Bennet Lawes,1814—1900),他毕业于牛津大学,曾在自家卧室用骨灰加硫酸研究出过磷酸钙,并于1842年获得了专利,1843年建造了世界上第一家化肥工厂。

到20世纪初,洛桑试验站积累了包括降水量、温度、施肥量和土壤等近百年的海量数据,洛桑试验站主任约翰·罗素(John Russell)想招一个员工分析这些数据。1919年,费舍尔经人推荐到洛桑试验站工作,直到1933

---

① 陶战:《今日洛桑试验站》,《世界农业》1987 第7期。

年回到大学教书,他在洛桑试验站工作了 14 年,他自己戏称此期间的工作为"耙粪堆"。但是,许多影响现代统计的理论与方法,都是在此期间由费舍尔提出的,如充分统计量、抽样分布、似然函数、t 分布、试验设计(design of experiment,DOE)、方差分析(analysis of variance,ANOVA)、显著性假设检验等。1925 年,费舍尔撰写的《研究者的统计方法》(*Statistical Methods for Research Workers*)一书曾被翻译成多国语言,一共再版 14 次,影响了几代研究工作者;1930 年,他撰写的《自然选择的遗传学理论》(*The Genetical Theory of Natural Selection*)也是遗传学上的重要著作;1935 年,他撰写的《试验设计》(*The Design of Experiments*)一书,标志着统计中试验设计方向的产生。

在统计史中,还有一个非常著名的"女士品茶实验"与费舍尔有关。《女士品茶》一书的作者戴维·萨尔斯伯格(David Salsburg)写道:20 世纪 20 年代,在英国剑桥的午后茶,一位女士坚称,把茶加进奶里,或把奶加进茶里,不同的做法,会使茶的味道品起来不同。在场的绝大多数大学教授对这位女士的"胡言乱语"嗤之以鼻。然而,在座的一个身材矮小、戴着厚眼镜、下巴上蓄着的短尖髯开始变灰的先生,却不这么看,他对这个问题很有兴趣,这个人就是费舍尔。为了判断女士是否有识别功能,费舍尔提出了统计中三大研究内容之一的假设检验。关于此问题的解决方法,我们将在后面详细介绍。

"女士品茶实验"成为一个问题,是由于在英国贵族有喝下午茶的习惯。直到 21 世纪仍有很多人在探讨是先加奶还是先加茶,以及如何冲泡,才能冲出一杯美味的奶茶。2003 年 6 月 24 日,英国皇家化学学会(Royal Society of Chemistry)发布了一则新闻稿《完美红茶冲泡法》(*How to Make a Perfect Cup of Tea*),或许给出了答案。该篇新闻稿说道:冲奶茶时应该先倒牛奶,因为牛奶蛋白会在 75 ℃时发生变化。如果后倒牛奶,那么牛奶就会被高温的红茶包围起来,必然导致牛奶蛋白发生变化。而将红茶倒入凉牛奶之中,则不会出现这种情况。

▶▶统计的定义

关于中西方统计一词的含义,陈希孺院士在《中国大百科全书·数学》中指出:"按《不列颠百科全书》上的说法,统计(Statistics)是'收集和分析数据的科学与艺术',而没有标出 Mathematical Statistics 一词,这是因为在'Statistics'一词的使用上,我们与西方不同。我们所说的数理统计(Mathematical Statistics)即西方所说的'Statistics',其原因是与我国被视为社会科学的经济统计加以区别。在西方,也有 Mathematical Statistics 的提法,但那是特指统计方法的理论基础部分。"基于此,我们罗列的三个关于统计学的定义都是陈希孺院士所指的数理统计,而不是国内的经济统计。

《不列颠百科全书》给出的定义:统计是收集和分析数据的科学与艺术。

陈希孺院士给出的定义:统计是数学的一个分支,它是一门用有效的方法收集和分析带有随机影响的数据的学科,且其目的是解决特定的问题。

华东师范大学茆诗松教授在华东师范大学出版社出版的"数理统计丛书"总序中给出的定义:统计是一门应用性很强的学科,它是研究如何有效地收集、整理和分析受随机影响的数据,并对所考虑的问题作出推断或预测,直至为采取决策和行动提供依据和建议的一门学科。

三个定义有所不同:《不列颠百科全书》强调统计也是艺术,陈希孺院士强调统计是数学的一个分支,茆诗松教授强调统计是应用性很强的学科。但不论如何,他们都认为统计是研究数据的科学。

在给出"什么是数据"的答案之前,我们先看下面的例子,以加深大家对统计的理解。

为了考查婚姻状况与死亡率的关系,王静龙教授利用上海第四次人口普查数据,汇总得到了下面的数据表(表4)。

表 4 婚姻状况与死亡率

婚姻状况	居民人数/人	死亡人数/人	死亡率/‰
未婚	563 254	1 921	3.41
有配偶	7 865 556	44 963	5.716
丧偶	695 114	33 960	48.855
离婚	101 112	924	9.138

上述汇总数据表明有配偶的死亡率高于未婚,难道可以说为了降低死亡率,我们选择不结婚,自己单过?

我们知道,死亡率与年龄的关系非常大,这也是丧偶者死亡率高的一个原因。于是,王静龙教授把上述数据按年龄分三组后,得到另一数据表(表5)。

表5 未婚与有配偶的死亡率

年龄	未婚			有配偶		
	总数	死亡数	死亡率/‰	总数	死亡数	死亡率/‰
25~34岁	454 458	678	1.492	2 469 311	1 295	0.524
35~54岁	95 738	596	6.225	4 127 772	10 288	2.492
55岁以上	13 058	647	49.548	1 268 473	33 380	26.315

从表5可以看出,三组年龄段,未婚群体的死亡率都是有配偶群体死亡率的一到三倍,这表明未婚群体的死亡率明显高于有配偶群体,这与三个年龄组总平均的结论正好相反。在统计上,我们称这种现象为辛普森悖论[1]。此悖论产生的原因在于影响死亡率的因素除了婚姻状况外,还有年龄。也就是说,在做数据分析时,一定要把影响结果的因素找全,否则结论可能是错误的。

为什么会出现这种现象呢?王静龙教授又对上述数据做了如下汇总,见表6。

---

[1] Simpson, E. H., "The Interpretation of interaction in contingency tables," *Journal of the Royal Statistical Society*, Ser. B13(1951):238-241.

表6 未婚与有配偶的死亡率（续）

年龄	未婚 人数	未婚 比例/%	未婚 死亡率/‰	有配偶 人数	有配偶 比例/%	有配偶 死亡率/‰
25～34岁	454 458	80.68	1.492	2 469 311	31.39	0.524
35～54岁	95 738	17.00	6.225	4 127 772	52.48	2.492
55岁以上	13 058	2.32	49.548	1 268 473	16.13	26.315
合计	563 254	100	3.411	7 865 556	100	5.716

从表6可以看出，在未婚群体中，青年（25～34岁）所占比例为80.68%，处于绝对的支配地位，而他们的死亡率最低，为1.492‰，于是青年人就拉低了未婚群体的整体死亡率。也就是说，在我们计算平均值时，或想通过平均值反映问题时，一定注意各组的样本量是否相对平衡。

从上述例子可以看出，针对同一问题，基于相同数据，采用不同处理方法，得到的结论差别非常大。这也是《不列颠百科全书》称统计是艺术的原因之一。

从上述三个定义可以看出，数据是统计的唯一研究对象，那么什么是数据？数据仅是阿拉伯数字吗？显然不是。有人定义数据是信息的载体，有人认为数据是生产要素。在实际中，数据可以用阿拉伯数字表示，也可以是文本、图像，以及音频、视频。

在大数据时代，数据的形式非常丰富，尤其是文本数据、图像数据，甚至音频、视频数据等都是统计的研究对象。但我们必须注意到，当万物数据化之后，数据存储在

计算机内还是以阿拉伯数字以及字母的形式进行的。文字在计算机内部的存储是以二进制的内码形式存储的，每一个汉字都对应一个内码。当需要一个汉字时，先通过内码找到它，之后再转成汉字字型码，用于屏显或打印。

▶▶统计的研究内容

经典统计学的研究内容包括以下三个部分：

(1)抽样分布(sampling distribution)。

(2)估计(estimation)。

(3)假设检验(hypothesis testing)。

我们在前文提到过假设检验，它可用来检验一枚硬币是否均匀。此时，如果我们把这枚硬币投掷 n 次，且以 X_i 记第 i 次投掷的试验结果，并定义

$$X_i = \begin{cases} 1, & \text{第 } i \text{ 次投掷为正面,} \\ 0, & \text{否则,} \end{cases}$$

则我们可以通过 $\sum_{i=1}^{n} X_i$ 的大小来判断硬币是否均匀，即判断下述命题

$$H: \text{硬币均匀}$$

是否成立。显然，如果硬币均匀，即命题 H 成立，则 n 次投掷正反面出现的次数应该相差不多。因此，我们可以给出一个关于命题 H 是否成立的合理判断准则：当

$\sum_{i=1}^{n} X_i$ 离 $n/2$ 比较近时，我们就有理由认为上述命题 H 成立，即硬币均匀；否则认为硬币不均匀。但是，在这个准则里，我们需要确定：$\sum_{i=1}^{n} X_i$ 离 $n/2$ 多近才叫近？要解答此问题，大家就要学习假设检验知识了。我们在后面也将给大家做一简单介绍。

关于估计，大家在实际中都会经常用到，如估计某个人的身高、体重等。但我们第一眼见到某人时，给出的身高、体重估计是根据过去的经验作出的。如果我问：你估计的误差有多大？则你很难给出一个科学的、精准的答案。此时，我们不妨拿来米尺，测量几次。若假设测量 n 次，记其身高为 $X_1, X_2, \cdots, X_n$，则我们可用均值

$$\overline{X} = \frac{1}{n} \sum_{i=1}^{n} X_i$$

来估计其身高，且此估计的误差，就可以用样本标准差

$$S_n = \left[\frac{1}{n-1} \sum_{i=1}^{n} (X_i - \overline{X})^2 \right]^{1/2}$$

来衡量了。样本均值与样本方差，我们在高中的统计模块中都学过，但如果我问你：这个估计有什么优良性质吗？或有什么理论能保证这个估计是个"好"估计吗？要回答这个问题，大家就要学习统计中的估计理论了。

抽样分布在实际中也非常有用。假如我问你：身高 175 厘米的某成年男性小强与身高 170 厘米的某成年女性小红相比，谁的身高更高？从绝对数值上看，小强比小

红高5厘米。但如果考虑到性别,则女性身高170厘米,已经很高了,而男性身高175厘米并不算很高。因而,如果考虑到性别差异,则可以说小红比小强要高。如何解释小红比小强高呢?实际上,如果假设知道此地区成年男女身高的分布,则可以从概率角度对此给出一个解释。为了得到成年男女身高的分布,某制衣厂随机测量了1万多名成年人的身高数据,其均值与标准差见表7(王静龙,2017)。[1]

表7 某地区成年男女的身高数据

成年男性(5 115人)		成年女性(5 507人)	
均值/厘米	标准差	均值/厘米	标准差
167.48	6.09	156.58	5.47

分别以 X, Y 表示此地区成年男女的身高,如果假设服从正态分布,则根据表7中的数据,认为

$$X \sim N(167.48, 6.09^2), Y \sim N(156.58, 5.47^2)$$

是合理的。于是,根据此分布,可算得

$$P\{X \geqslant 175\} = 0.108, P\{Y \geqslant 170\} = 0.007,$$

由此概率可以看出,此地区成年男性身高大于175厘米的概率为10%,而成年女性身高大于170厘米的概率仅为0.7%。由此可以看出,身高为170厘米的小红的身高要比身高为175厘米的小强高。这就是知道分布后得出的结论。

---

[1] 据中国居民营养与慢性病状况2020年报告,全国18~44岁男性与女性平均身高分别为169.7厘米与158.0厘米。

另外，随机模拟（simulation）或统计计算是现代统计学的第四个研究内容。下面以估计 π 为例说明什么是随机模拟。关于 π 这一数值，大家并不陌生。实际上，关于 π 值的计算，我国古代比西方先进了许多，其中最杰出的成果之一当数我国伟大的数学家刘徽（图6）提出的割圆方法。

图6　刘徽（约225—约295）

有一天，刘徽来到一个打石场散心。他看到石匠们接过一块四四方方的大青石，先砍去石头的 4 个角，石头就变成一块八角形的石头，然后再砍掉 8 个角，石头变成了 16 角形。这样一斧一凿地敲下去，一块方石就在不知不觉中被加工成了一根光滑的圆石柱了。他灵光一闪，立刻回到家里，动手在纸上画了一个大圆，然后在圆里画了一个内接正六边形，用尺子一量，六边形的周长正好是

直径的3倍。然后,他又在圆里画出内接正12边形、24边形、48边形、……。他惊喜地发现,圆的内接正多边形的边数越多,它的周长就和圆的周长越接近。于是,他一直算到正3 072边形,并由此求得 π 介于 3.141 5 和3.141 6 之间。

利用随机模拟方法求 π 值的最著名方法是蒲丰(Buffon,1707—1708)的投针法[①]。下面我们通过一个试验介绍什么是随机模拟。假设在一张边长为20厘米的正方形白纸上,画一个半径为10厘米的内接圆。然后向此白纸上随机撒一些白米,并数一数分别落入圆内的米粒数,与落在圆外但在白纸上的米粒数,如此反复多次,则可以得到 π 的一个估计。实际上,假设共随机撒白米 k 次,且记第 i 次撒白米时,落在圆内及圆外但在白纸上的米粒数分别为 n_i 和 m_i,则对每一次随机投撒白米,可以用 $\frac{n_i}{n_i+m_i}$ 来衡量白米落入圆内的概率。为减少误差,我们用这 k 次投撒的均值

$$\frac{1}{k}\sum_{i=1}^{k}=\frac{n_i}{n_i+m_i}$$

来估计此概率。若向此白纸上投撒白米是随机的,则一粒白米落入圆内的概率应该是圆与正方形的面积之比 π/4。于是,我们可得到 π 的估计值为

[①] 李贤平:《概率论基础》,高等教育出版社,2010。

$$\hat{\pi} = \frac{4}{k} \sum_{i=1}^{k} \frac{n_i}{n_i + m_i}。$$

当 k 足够大，且每次投撒白米粒数 $n_i + m_i$ 适中时（不能布满整张白纸，也不能白纸上就几粒白米），上述估计还是比较精确的（表8）。

表8 π 的估计

k	$m+n$	$\hat{\pi}$	k	$m+n$	$\hat{\pi}$
10	10	3.16	1 000	100	3.140 24
100	100	3.153 6	1 000	500	3.142 496
100	200	3.135 4	1 000	1 000	3.141 672

大家如果有兴趣，不妨一试。这就是统计中的随机模拟。

针对上述四部分研究内容，统计学的核心课程有概率论、数理统计、回归分析、多元统计分析、时间序列、统计计算与模拟、非参数统计、试验设计、抽样调查等。当然，随着大数据应用时代的到来，作为数据科学的核心基础之一的统计学，两者的关系越来越紧密，部分高校统计专业也开设了多门数据科学课程，如统计学习、自然语言处理、分布式存储与并行计算、数据可视化等。

统计初识

计算机与统计学就是人工智能。

——任正非

在上一部分"统计的起源与定义"的简述中,大家对统计有了一个初步的认识与了解,应该感觉到统计与高中阶段学到的频数直方图、期望与方差等不同。实际上,统计的研究内容非常广泛,且与数学、数据科学、人工智能等既有联系,又有区别。本部分将对近代统计史上的几个重要内容,以及与数学、数据科学、人工智能的异同做一简单阐述,以加深大家对统计的认识与了解。

▶▶统计与三个相关学科的异同

在全部110多个一级学科中,研究对象涉及数据的学科还有数学、人工智能及计算机科学等,以及还没有成为一级学科的数据科学。这几个学科都从不同角度研究数据。徐宗本院士在阐述这几个学科间的关系时说道:

数学解决数学理论基础、逻辑思维训练问题，计算机解决算得出、算得准、算得快的问题，统计学解决数据科学理论基础、建模问题，数据科学解决数据的高效获取、存储、计算、分析及应用问题，人工智能帮助数据科学解决应用问题。

➡➡统计与数学

统计学家 C.R.劳（C.R.Rao,1920—2023）在其《统计与真理》一书的前言中谈到数学与统计两个学科时说："在抽象意义下，一切科学都是数学；在理性的基础上，一切判断都是统计学。"由此可见，统计与数学有着较大的区别，下面通过上一部分提到的"女士品茶实验"来阐述两者间的区别。

为检验这位女士是否有品茶能力，费舍尔分如下三步进行：

第一步，引进一个假设（hypothesis）：

H：此女士没有鉴别力。

第二步，假设给她 8 杯，且告诉她茶奶、奶茶各 4 杯，则当假设 H 成立时，若以 X 记此女士说对茶奶的杯数，则由概率论知识有

$$P\{X=k\}=\frac{\binom{4}{k}\binom{4}{4-k}}{\binom{8}{4}},k=0,1,2,3,4。$$

第三步,由第二步可知,如果此女士没有鉴别力,故 8 杯都说对的概率为

$$P\{X=4\}=\frac{1}{70}。$$

第四步,费舍尔给此女士 8 杯,且告诉她茶奶、奶茶各 4 杯。实验观测结果是此女士 8 杯都说对了。

由第一步至第二步,再到第三步的推理是演绎,是数学,而此实验的目的在于根据第四步的实验结果判断第一步的假设 H 是否成立,由此费舍尔提出了统计假设检验的理论框架。对于此问题,费舍尔认为,当女士 8 杯都说对了,我们就要承认下面两个结论之一成立:

(1)发生了一件概率为 1/70 的随机事件。

(2)发生了一件非常不利于假设 H 的显著性事件。

在实际生活中,我们都认为小概率事件不可能发生或很难发生。比如:飞机都有一定的失事概率,但比汽车发生事故的概率小了许多,故我们远途出行时,多选择飞机。若我们认为概率小于 0.05 的事件为小概率事件,则由于 1/70≈0.014＜0.05,即我们可以说结论(1)不可能发生或很难发生,也就是说"女士 8 杯都说对"这一事件是一个非常不利于假设 H 的显著性证据,即我们认为结论(2)成立是合理的。若认为概率小于 0.01 的事件才为小概率事件,则我们只能把此女士 8 杯都说对的事件看成一个随机事件。

由此例可以看出,统计与数学的逻辑思维方式不同

(图7),统计相当于数学中的反问题,但统计的推断需要数学基础。可以说,数学是内生的学科,在多数情况下,都是数学家天马行空地创造出某些理论和猜想,之后由这些理论产生某些技术方法,解决某些实际问题。而统计则是外生的学科,故统计没有猜想,而只有来自实际中的问题,统计学家提出解决此问题的方法,并给出理论保证。

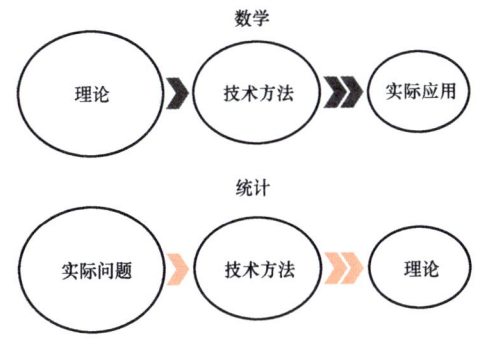

数学

理论 ▶ 技术方法 ▶ 实际应用

统计

实际问题 ▶ 技术方法 ▶ 理论

图7 统计与数学的区别

东北师范大学史宁中教授总结统计与数学的区别见表9。

表9 统计与数学的区别

学科	出发点	研究方法	评价方法
统计	数据	归纳	好与坏
数学	定义和公理	演绎	对与错

➡➡统计与人工智能

1950年,图灵(Turing,1912—1954)发表在 *Mind* 杂志上的一篇文章"Computing Machinery and Intelligence",提出了如何验证一台机器是否有智能的方法：让人与机器进行交流，如果人无法判断自己交流的对象是人还是机器，就说明这个机器有智能了。后来大家将其称为图灵测试（Turing test），并由此开启了自然语言的机器处理（natural language processing，NLP）。

1956年夏天，约翰·麦卡锡（John McCarthy，1927—2011）、马文·明斯基（Marvin Minsky，1927—2016）、克劳德·香农（Claude Shannon，1916—2001），艾伦·纽厄尔（Allen Newell，1927—1992）、赫伯特·西蒙（Herbert Simon，1916—2001）等10位科学家在美国达特茅斯学院（Dartmouth College）召开了一次头脑风暴式的研讨会，共同讨论机器模拟智能中的一系列问题。虽然他们讨论了很长时间都没有达成共识，但他们为此次讨论内容起了一个名字：人工智能（artificial intelligence，AI）。于是，1956年就被人们称为"人工智能元年"。

2018年8月11日，2011年诺贝尔经济学奖得主托马斯·J.萨金特（Thomas J. Sargent）在世界科技创新论坛上表示："人工智能其实就是统计学，只不过用了一个很华丽的辞藻。"

2019年1月17日，华为创始人任正非先生在接受中央电视台《面对面》节目采访时讲道："人工智能是什么？人工智能就是统计学这个学科，计算机与统计学就是人工智能。你说我们要进入大数据时代，大数据时代干啥？统计呀。"

从上述两位的说法中不难看到,统计与人工智能的关系非常密切,国内多位著名专家学者也都认为"统计是人工智能的核心基础之一",其主要原因在于现在的人工智能技术离不开数据驱动,而要想让数据说话,就离不开统计方法。2018年,郁彬[1]教授发表了一篇题目为"Artificial intelligence and statistics"的文章[2],文中写道:人工智能本质上是数据驱动的,它要求在数据生成、算法开发和结果评估过程中,通过人机协作应用统计概念。

2020年,美国人工智能协会(American association for artificial intelligence,AAAI)候任主席、康奈尔大学计算机系巴特·塞尔曼(Bart Selman)教授在北京智源大会说:"忽略非数据驱动的人工智能技术,可能会成为人工智能在未来十年取得更大突破的障碍。"

总的来说,人工智能是研究、开发用于模拟、延伸和扩展人的智能的理论、方法、技术及应用的学科,它的研究内容包括机器人、自然语言处理、语音及图像识别等。统计学并不以模仿人类来构建自主学习系统为目标,而侧重不确定性下的推理和决策过程中涉及的数学、计算、建模等问题。

---

[1] 郁彬,著名统计学家、美国国家科学院院士、加州大学伯克利分校教授。1984年毕业于北京大学数学系,1987年、1990年于美国加州大学伯克利分校分别获统计学硕士、博士学位。其研究领域包括机器学习、信号处理、神经科学等。

[2] Yu, B., and Kumbier, K., "Artificial intelligence and statistics," *Frontiers of Information Technology & Electronic Engineering* 19, no.1 (2018):6-9.

➡➡统计与数据科学

1962 年，约翰·W.图基（John W. Tukey）[①]在 *Annals of Mathematical Statistics* 发表了一篇题目为 "The future of data analysis" 的文章[②]，他预言突破统计学边界的数据时代将会到来，并指出数据分析的目的是通过对数据的收集、处理和分析来学习数据中的信息，解决实际中遇到的问题。

1997 年 11 月，吴建福（C. F. Jeff Wu）[③]在密歇根大学颁予他冠名教授时，做了题目为"统计 = 数据科学?"的演讲[④]，并将统计工作描述为数据收集、建模和分析决策三部曲，且在最后部分，他提出了"数据科学"术语，并呼吁将统计学更名为数据科学，统计学家更名为数据科学家。

从几位专家学者的叙述可以看出，统计与数据科学

[①] 约翰·W.图基（John W. Tukey，1915—2000），著名的数学家、统计学家，美国国家科学院院士，是快速傅里叶变换（FFT）、盒子图（boxplot）、茎叶图（stem and leaf plot）的发明人，是单词比特（bit）与软件（software）的创造者。他于 1936 年和 1937 年在布朗大学获得化学学士和硕士学位，于 1939 年在普林斯顿大学取得数学博士学位后，留校任数学老师。1941 年 5 月，他加入了美国军方在普林斯顿大学设立的火控研究室（Fire Control Research Office），并创办了普林斯顿大学统计系。

[②] Tukey, J. W., "The future of data analysis," *Annals of Mathematical Statistics* 33, no.1(1962): 1-67.

[③] 吴建福，著名统计学家，美国国家工程院院士，证明了 EM 算法的收敛性，提出了试验设计中的最小低阶混杂准则等。1949 年 1 月生于中国台湾省新竹，1971 年毕业于台湾大学数学系，1976 年于美国加州大学伯克利分校取得博士学位，1987 年获得 COPSS 奖。

[④] Chipman, H. A., "吴建福访谈," *Statistical Science* 31, no.4(2016): 624-636[庾睿、熊世峰，译，《数学译林》，3(2017): 232-247].

有着密切的关系。虽然统计是研究数据的科学,但现有理论框架多集中在结构化的独立同分布[①]数据,且重点在于数据建模和理论分析。而数据科学,正如徐宗本院士所说,数据科学旨在为数据的高效获取、存储、计算、分析及应用提供理论基础与可靠技术的科学,它运用建模、分析、计算和学习杂糅的方法研究从数据到信息、从信息到知识、从知识到决策的转换,并实现对现实世界的认知与操控。或者说,数据科学是用数据的方法研究科学,用科学的方法研究数据的学科。另外,数据科学是为处理大数据而产生的,它是融合统计、计算机、数学等相关学科的一个新型交叉学科。

作为研究数据的两个学科,统计与数据科学关系非常密切,可以说"你中有我,我中有你",但两者还是有区别的。徐宗本院士、唐年胜教授等阐述了统计与数据科学的区别,见表10。

表10 统计与数据科学的区别

学科	出发点	数据表示	模型	高效算法	算力	评价方法
统计	聚焦抽象数据	结构化、iid	有	不强调	不强烈依赖	强调理论的最优性
数据科学	聚焦实际数据	非结构化或半结构化	无	强调	强烈依赖	强调方法的实用性

我们知道,在许多来自实际问题的大数据中,包含了

[①]独立同分布表示所有数据相互独立,且具有相同的分布,其英文为 independent identical distribution,简记为 iid。

许多"杂质"或"噪声",在利用这些大数据之前,需要对其进行数据清洗。甚至有人说,数据清洗工作要占数据处理与分析工作时间的 70%。在数据清洗过程中,需要利用统计方法进行异常点剔除、缺失值差补、垃圾数据删除等。另外,许多数据处理与分析技术需要统计知识来支撑,如多元统计中的主成分分析、聚类分析,以及回归分析、非参数统计、时间序列分析等。由此可见,数据科学离不开统计。

2015 年 7 月 20 日,刘军[①]做客人民日报、人民网《文化讲坛》,在谈论大数据与统计的关系时说,大数据是"原油",不是"汽油",统计学依然是数据分析的灵魂。

▶▶假设检验

我们在前面讲述了"女士品茶实验",并且统计学三大数据研究内容之一的假设检验就是基于此实验,是由费舍尔给出的。本节将简单叙述假设检验的基本框架,但可能数学味道浓了些,基本概念多了些,如果大家觉得难以理解,则可略过本节,并不影响阅读后续内容。

下面以如何验证一枚硬币是否均匀为例,说明费舍尔给出的显著性检验(significance test)框架。假设我们

[①]刘军,著名统计学家,哈佛大学教授。1985 年毕业于北京大学数学系,1991 年在芝加哥大学获统计学博士学位,2002 年获得 COPSS 奖。研究兴趣包括蒙特卡罗(Monte Carlo)方法、贝叶斯(Bayes)模型、生物信息学等。

投掷一枚硬币,以 $X=1,0$ 分别表示投掷结果为正面、反面的事件。若假设投掷一次正面出现的概率为 $p \in (0,1)$,则由概率知识可知,此次投掷结果为一随机变量,且

$$X \sim b(1,p),$$

其中 $b(1,p)$ 表示取值 1 的概率为 p、取值 0 的概率为 $1-p$ 的两点分布。p 被称为参数(parameter)[1]。假设我们投掷此硬币 n 次,且每次投掷方式相同但独立,投掷结果记为 $X_i(i=1,2,\cdots,n)$,其中

$$X_i = \begin{cases} 1, & \text{第 } i \text{ 次投掷为正面,} \\ 0, & \text{否则。} \end{cases}$$

此时,按照统计术语来讲,$X_1,X_2,\cdots,X_n$ 被称为来自 X 的 n 个随机样本。实验的目的在于检验此枚硬币是否均匀,即检验如下的命题

$$H: p = \frac{1}{2},$$

费舍尔称之为假设(hypothesis)。若记 n 次投掷正面出现的次数为 T,则

$$T = \sum_{i=1}^{n} X_i,$$

在统计中,T 称为加和统计量。再由概率论知识有 T 服从二项分布 $B(n,p)$,即

---

[1] 在统计中,称出现在分布中未知的量为参数。

39

$$T \sim B(n, p)^{①}.$$

在考虑 H 的检验问题时,我们有两个决策可以采纳:接受假设 H,即认为 H 成立;拒绝假设 H,即认为 H 不成立。显然,当 T 很大或很小时,即远离 $n/2$ 时,我们有理由认为假设 H 不成立,即采取拒绝假设 H 的决策。于是,决策

$$\phi(T) = \begin{cases} 1, & T \leqslant c_1 \text{ 或 } T \geqslant c_2, \\ 0, & \text{否则} \end{cases}$$

是合理的,其中 $\phi(T) = 1, 0$ 分别表示拒绝 H 和接受 H 的决策,$c_1 < c_2$ 为两个给定的常数。在统计中,我们称 $\phi(T)$ 为检验函数,c_1, c_2 称为临界值(critical value),它与考试中的 60 分类似,是量变到质变的分水岭。

同样的问题又来了:多大叫大?多小叫小?即 c_1, c_2 如何选取?我们采用本书前述的说法:大于 c_2 的概率小,则称之为大;小于 c_1 的概率小,则称之为小。那么这里的大小有一个度吗?我们是否可以参考满分为 100 分的考试,60 分就是及格线这样的说法,给一个大小的度量?此时,费舍尔提出,在实验之前,我们先确定一个概率大小的阈值 $\alpha \in (0,1)$,当一个事件发生的概率小于 α 时,就称之为小概率事件。在统计中,此阈值 α 被称为检验的显著性水平(significance level)。

---

① 二项分布的概率分布为 $P\{T=k\} = \binom{n}{k} p^k (1-p)^{n-k}$,$k = 0, 1, \cdots, n$。

根据上述方案,我们要求两个临界值 c_1, c_2 满足:当假设 H 成立时,
$$P\{T\leqslant c_1\}+P\{T\geqslant c_2\}\leqslant \alpha。$$
由于一个方程无法确定两个未知数,故我们可要求当假设 H 成立时,由
$$P\{T\leqslant c_1\}=P\{T\geqslant c_2\}=\alpha/2$$
来确定 c_1, c_2。

对于上述硬币实验,事先给定显著性水平 α,由于当 H 成立时 $T\sim B\left(n,\dfrac{1}{2}\right)$,故我们知道 c_1, c_2 满足方程:
$$\sum_{k=1}^{c_1}\left(\dfrac{1}{2}\right)^k\left(1-\dfrac{1}{2}\right)^{n-k}=\sum_{k=c_2}^{n}\binom{n}{k}\left(\dfrac{1}{2}\right)^k\left(1-\dfrac{1}{2}\right)^{n-k}=\dfrac{\alpha}{2}。$$

由此可以得到硬币是否均匀的显著性检验 $\phi(T)$,在统计中也称
$$W=\{T\leqslant c_1\}\bigcup\{T\geqslant c_2\}$$
为 H 的拒绝域。

下面看一个实际例子。假设我们投掷一枚硬币 495 次,得到正面 220 次,反面 275 次,则请问在显著性 $\alpha=0.05$ 时,这枚硬币均匀吗?由上述公式,我们可计算得
$$P\{T\leqslant 220\}=P\{T\geqslant 275\}=0.0076,$$
由此可知,对于给定的显著性水平 0.05,如果一枚硬币投掷 495 次,正面出现 220 次,则我们不能认为此枚硬币均匀。

对于上述检验,我们将面临如下两类错误,见表11。

表 11　假设检验的两类错误

采取的决策	H 成立	H 不成立
接受 H	决策正确	第二类错误
拒绝 H	第一类错误	决策正确

显然,一个"好"的决策应该满足犯第一类错误、第二类错误的概率都很小。然而,在实际中,我们无法做到鱼与熊掌兼得,而使上述两类错误的概率都很小。从上述显著性的推导过程中可以看到,我们实际上仅控制了此检验的第一类错误概率不大于 α。由于能控制第一类错误概率的检验有许多,如何从中找到一个第二类错误最小的检验,就很值得研究,即两位著名统计学家埃贡·皮尔逊(Egon Pearson,1895—1980)与乔治·内曼(Jerzy Neyman,1894—1981)提出的一致最优势检验(uniformly most powerful test,简记为 UMP 检验),请有兴趣的读者参见各大学统计学院所用的数理统计教材。

▶▶小样本统计

我们在前面讲述了现代统计的两位奠基人 K.皮尔逊提出了 χ^2 拟合优度检验,费舍尔提出了显著性假设检验的框架。从这两个检验所针对的问题可以看出,这两个检验间的一个最明显的区别就是数据量的大小:"豌豆杂交实验"要求豌豆粒数足够多,结果才能令人信服,而"女士品茶实验"则不能给她太多杯奶茶,否则她的味觉就失效了。实际上,这也反映了两位奠基人不同的学术观点:

• K.皮尔逊认为统计分布是对所收集到的实际数据集的描述;而费舍尔认为统计分布是抽象的数学公式,而收集到的实际数据只能用于估计统计分布。

• K.皮尔逊认为观测值的分布是真实存在的,要了解它,就需要收集大量数据;而费舍尔认为观测值是从所有可能观测值集合中随机抽取的,故基于观测值的估计也是随机的,也有分布(前面提到的抽样分布)。

从学术观点上看,K.皮尔逊的信条是由大数据做出的统计分析才是可靠的,但费舍尔却认为许多实际问题都只有少量数据,这是两者不可调和的争论。总之,由于他们具有不同的学术观点,故两人的联系非常少,也可以说关系并不融洽。但由于二人是现代统计的核心人物,故他们之间出现了一位调和人,他就是威廉·希利·戈塞特(William Sealy Gosset,1876—1937)[1]。

1899年,爱尔兰都柏林的一家啤酒厂决定从牛津大学和剑桥大学招收部分学化学的优秀毕业生,由于戈塞特曾在曼

---

[1] 威廉·希利·戈塞特(William Sealy Gosset,1876—1937),现代统计推断先驱之一。曾在曼彻斯特学院和牛津大学学习化学与数学,1906年曾在伦敦大学生物统计实验室跟 K.皮尔逊学习一年。1908 年,在 K.皮尔逊任主编的杂志 *Biometrika* 上以笔名 Student 发表了文章《均值的或然误差》(*The probable error of the mean*),1909 年发表了"相关系数的概率误差"等系列文章,促使统计由大样本转向小样本,被称为小样本统计理论的开创者。

彻斯特学院和牛津大学学习化学与数学,故他被招入这家啤酒厂工作。在酿酒过程中,将酵母加入麦芽浆,让其发酵是非常重要的一步。如果酵母少了,发酵不充分;如果酵母多了,啤酒味道变苦。戈塞特进入公司后,遇到了一个问题:在测试某罐中酵母细胞的数量时,原来一直利用显微镜计算,但不准确,导致产品质量不稳定。针对此问题,戈塞特提出可用泊松分布[①]来拟合酵母在单位容积内的浓度,且分布仅一个参数[②],易于操控,并提高了产品的稳定性。

戈塞特在啤酒厂工作期间,当检查酿酒原材料的质量时,受实际情况所限,每次检查只能收集很少的数据(如 4 个或 5 个)。此时他面临的疑惑是:是否能够按照概率论中的中心极限定理(central limit theorem)[③],而认为平均值服从正态分布?另外,由于此时的数据量过小,如果按照 K.皮尔逊的观点,由如此小的数据量得到的结论并不可靠。实际上,如记 $X_1, X_2, \cdots, X_n$ 为来自正态分布 $N(0, \sigma^2)$ 的随机数据,样本均值与样本方差分别为

$$\overline{X} = \frac{1}{n}\sum_{i=1}^{n} X_i, \quad S_n^2 = \frac{1}{n-1}\sum_{i=1}^{n}(X_i - \overline{X})^2。$$

[①] 泊松分布函数为
$$P\{X=k\} = \frac{\lambda^k}{k!}e^{-\lambda}, k=0,1,2,\cdots,$$
其中 $\lambda > 0$ 为参数。

[②] 当时,按照 K.皮尔逊的思想,一个统计分布需要用四个参数来刻画:均值、方差、偏度和峰度。

[③] 中心极限定理的含义为:对于 n 个独立同分布的随机变量 $X_1, X_2, \cdots, X_n$ 如记其平均值 $\overline{X}_n = \sum_{i=1}^{n} X_i/n$,则当 n 非常大时,$\overline{X}_n$ 的分布与正态分布非常接近。

由于方差 σ^2 未知,故戈塞特考虑

$$Z_n = \frac{\overline{X}}{S_n} \tag{1}$$

的分布。此时,戈塞特发现,当 n 很小时,Z_n 的分布并不是正态分布。于是,他于 1906 年去 K.皮尔逊的生物统计实验室学习一年,并发表了《均值的或然误差》一文[1]。在此文中,戈塞特通过公式推导及计算,给出了样本标准差与均值分布的近似公式,并证明了样本标准差与均值独立。另外,针对较小的 n,也给出了 Z_n 的分布表(图8)。

$z\left(=\frac{x}{s}\right)$	$n=4$	$n=5$	$n=6$	$n=7$	$n=8$	$n=9$	$n=10$	比较一下 $\left(\frac{\sqrt{7}}{\sqrt{(2\pi)}}\int_{-\infty}^{x}\mathrm{e}^{-\frac{7x^2}{2}}\mathrm{d}x\right)$
0.1	0.563 3	0.574 5	0.584 1	0.592 8	0.600 6	0.607 87	0.614 62	0.604 11
0.2	0.624 1	0.645 8	0.663 4	0.679 8	0.693 6	0.707 05	0.718 46	0.701 59
0.3	0.680 4	0.709 6	0.734 0	0.754 9	0.773 3	0.789 61	0.804 23	0.786 41
0.4	0.730 9	0.765 7	0.793 9	0.817 5	0.837 6	0.854 65	0.869 70	0.855 20
0.5	0.774 9	0.813 1	0.842 8	0.866 7	0.886 3	0.902 51	0.916 09	0.906 91
0.6	0.812 5	0.851 8	0.881 5	0.904 0	0.921 8	0.936 00	0.947 32	0.943 75
0.7	0.844 0	0.883 0	0.910 9	0.931 4	0.946 8	0.958 51	0.967 47	0.967 99
0.8	0.870 1	0.907 6	0.933 2	0.951 2	0.964 0	0.973 28	0.980 07	0.982 53
0.9	0.891 5	0.926 9	0.949 8	0.965 2	0.975 6	0.982 79	0.987 80	0.991 37
1.0	0.909 2	0.941 6	0.962 2	0.975 1	0.983 4	0.988 90	0.992 52	0.998 20

图 8　戈塞特(1908)给出的 Z_n 的分布表

这篇文章与当时 K.皮尔逊的大样本理念相悖,故并没有引起大家的关注。直到 1923 年,费舍尔在农业实验中也遇到了小样本问题,注意到了此文章,并从数学角度给出了此分布的严格数学定义:

设 $X \sim N(0,1)$,$Y \sim \chi^2(n)$,且两者独立,则

---

[1] Student, "The probable error of a mean," *Biometrika* 6 no.1(1908): 1-25.

$$T=\frac{X}{\sqrt{Y/n}} \qquad (2)$$

服从自由度为 n 的 t 分布,并记为 $T \sim t(n)$。

自此,小样本统计才被学术界承认,并得到了广泛的应用。直到现在,基于 t 分布的 t 检验仍是许多领域中应用最广的统计方法之一。

我们注意到式(1)的 Z_n 与式(2)费舍尔给出的 T 有一点区别,故图 8 中的分布表要经过一定变换,才能得到现在 t 分布的概率值。实际上,由数理统计知识,我们知道本节定义的样本方差 S_n^2 有如下分布

$$(n-1)S_n^2/\sigma^2 \sim \chi^2(n-1), \qquad (3)$$

故结合式(1)、式(2)、式(3),我们知道

$$\sqrt{n}Z_n \sim t(n-1)。$$

基于此,我们把戈塞特给出的 Z_n 分布值(图 8 中的第一行)与相应的 t 分布和正态分布的概率值列于表 12。

表 12 戈塞特给出的 Z_n 分布值与 t 分布及正态分布的比较

n	$P\{Z\leqslant 0.1\}$	$P\{T_{n-1}\leqslant 0.1\sqrt{n-1}\}$	正态分布的概率值
4	0.563 3	0.563 2	0.568 8
5	0.574 5	0.574 4	0.579 3
6	0.584 1	0.584 0	0.588 5
7	0.592 8	0.592 7	0.596 8
8	0.600 6	0.600 5	0.604 3
9	0.607 9	0.607 8	0.611 4
10	0.614 6	0.614 5	0.617 9

从表 12 可以看出,$Z=\overline{X}/S_n$ 的分布与 $t(n-1)$ 非常

接近,但与正态分布则有所不同。在图 9 中,我们绘制了自由度 $n=2,5,20$ 的 t 分布和标准正态分布的概率密度曲线。

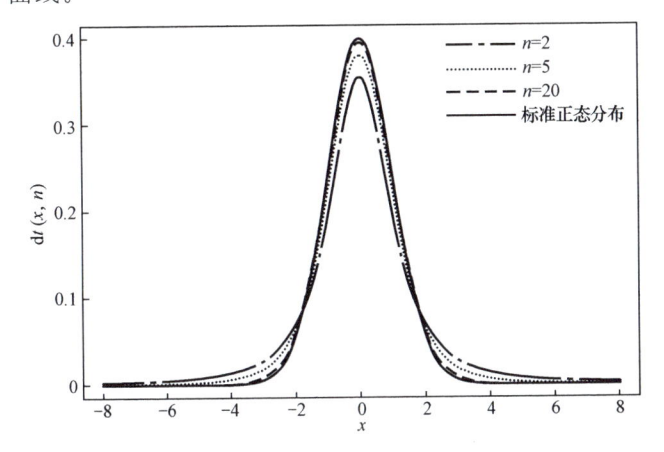

图9　$n=2,5,20$ 时的 t 分布和标准正态分布的概率密度曲线

从图 9 可以看出,t 分布与正态分布非常相似,且随着 n 趋于无穷大,这个曲线就变成了标准正态分布的概率密度函数。另外,从图 9 还可以看出,t 分布的尾部比正态分布的要"厚",于是,t 分布也称为厚尾(heavy-tailed)分布。

▶▶**非参数统计**

20 世纪 40 年代,弗兰克·威尔科克森(Frank Wilc-

oxon, 1892—1965)[1]在进行某项化工实验时,发现实验之初当反应发生器并未充分预热时,常常出现某个数据要么过大、要么过小的情况,而此时的 t 检验就极易受到这些特殊值的影响。他查了许多资料也没有找到相应的解决方法,于是他自己提出了一种基于数据排序的方法,只是其计算非常烦琐。他认为这不是一个化学家应该做的,统计学界早就应该有人完成了这一工作,但他就是找不到相应的文献。于是,他便把自己的方法写成了一篇文章,寄给了 *Biometrics* 杂志,希望审稿人告诉他所需要的参考资料。然而,审稿人认为这是一个原创性的工作,并于 1945 年发表了此文[2],由此开创了非参数统计(non-parametric statistics)这一研究领域。

什么是非参数统计?我们回顾上节费舍尔给出 t 分布的定义时,要求式(2)的分子与分母的分布都已知。戈塞特在计算 t 分布时,也要求数据来自正态分布,且未知的仅是分布中的参数。我们统称这种分布中仅包括有限个参数的统计为参数统计。否则,若一个分布不能用有限个参数刻画,则称之为非参数统计。

---

[1] 弗兰克·威尔科克森(Frank Wilcoxon, 1892—1965),化学家、统计学家。1917 年在宾夕法尼亚军事学院获学士学位,1921 年在罗格斯大学获化学硕士学位,1924 年在康奈尔大学获物理化学博士学位,1925—1941 年在博伊斯·汤普逊研究所(Boyce Thompson Institute)从事植物和杀虫剂等研究;1943—1957 年任职于美国氰胺公司(American Cyanamid Company),直到 1957 年退休。他于 1945 年提出的 Wilcoxon 秩和检验开创了非参数统计。

[2] Wilcoxon, F., "Individual comparisons by ranking methods," *Biometrics* 1(1945): 80-83.

在科学探索与发现过程中,经常发生不同人几乎同时而各自独立地提出某个结论或方法的情况。威尔科克森给出的检验方法就是如此。实际上,威尔科克森与 *Biometrics* 杂志的编辑们都不知道,美国俄亥俄州州立大学的一位数学家 H.B.曼(H.B.Mann,1905—2000)和他的博士研究生 D.R.惠特尼(D.R.Whitney,1915—2007)也在做相关研究,并于 1947 年发表了一篇结果与 Wilcoxon 方法等价的文章[1]。因此,我们也称 Wilcoxon 秩和检验为 Wilcoxon-Mann-Whitney 秩和检验。

什么是 Wilcoxon-Mann-Whitney 秩和检验?下面通过一个例子加以说明。在实际中,我们经常会遇到比较两个均值的问题。如一位高中数学老师同时教两个班,用同样的教材,讲述同样的内容,课时一样,班上同学人数也差不多。一学期结束后,他想比较这两个班的数学成绩是否有区别。假设两个班分别有 m 与 n 个同学,以 $X_1,X_2,\cdots,X_m$ 记一班期末考试成绩,以 $Y_1,Y_2,\cdots,Y_n$ 记二班期末考试成绩,且假设考试是各自独立完成的。目的在于检验这两个班的期末平均成绩是否相等,即若分别以 μ_x,μ_y 表示这两个班的平均成绩,则要检验的假设为

$$H: \mu_x = \mu_y$$

---

[1] Mann, H. B., Whitney, D. R., "On a test of whether one of two random variables is stochastically larger than the other," *Annals of Mathematical Statistics* 18(1947):50-60.

若我们知道成绩服从正态分布,则可以用 t 检验进行检验。如果不知道分布,而强行运用 t 检验,则上述 t 检验的效果就很难衡量,得到的结论也可能与实际情况有较大的区别。

如果两个班的平均成绩有明显区别,比如 $\mu_x > \mu_y$,即一班成绩普遍大于二班成绩,于是,一班成绩与二班成绩应该不会搅在一起。否则,如果两个班平均成绩没有区别,那么这 $m+n$ 个成绩就完全搅在一起了,很难区分哪个是一班的,哪个是二班的。针对这一特点,威尔科克森提出了秩(rank)的概念:

$$R_k = \sum_{i=1}^{m} I(X_i \leqslant Y_k) + \sum_{j=1}^{n} I(Y_j \leqslant Y_k), k=1,2,\cdots,n,$$

被称为 Y_k 的秩,反映二班第 k 个人的成绩在全部 $m+n$ 个人中的位置,其中函数 $I(X \leqslant x)$ 表示当 $X \leqslant x$ 时,取值 1,否则取值 0 的示性函数。威尔科克森认为

$$W_Y = \sum_{k=1}^{n} R_k$$

比较大时或比较小时,两个班的平均成绩有显著的区别。也就是说,当

$$W_Y \leqslant c_1 \text{ 或 } W_Y \geqslant c_2$$

时,认为假设 $H: \mu_x = \mu_y$ 不成立。

而曼和惠特尼提出的检验统计量为

$$W_{XY} = \sum_{i=1}^{m} \sum_{j=1}^{n} I(Y_j \geqslant X_i)$$

此时,可以证明:

$$W_{XY} = W_Y - \frac{n(n+1)}{2}$$

由此可见,两个检验是等价的。

由于检验方法有许多种,在实际中,我们如何比较两个检验的好坏呢?其中一个最常应用的比较准则就是渐近相对效率(asymptotic relative efficiency,ARE):对于两个检验方法 A 与 B,假设为了达到相同的效果(两者的第一类错误、第二类错误概率相同)所需要的数据大小为 n_a, n_b,则称

$$ARE(A,B) = \frac{n_a}{n_b}$$

为两者的渐近相对效率。显然,此效率大于1,说明检验 B 优于检验 A。

对于前面提到的 t 检验与 Wilcoxon 秩和检验,我们可以计算两者间的渐近相对效率,见表13。

表13 t 检验与 Wilcoxon 秩和检验的渐近相对效率

分布	概率密度函数	$ARE(W,t)$
$U(-1,1)$	$\frac{1}{2}I(-1,1)$	1
$N(0,1)$	$\frac{1}{\sqrt{2\pi}}e^{-x^2/2}$	$\pi/3$
罗杰斯特分布	$\frac{1}{1+e^x}$	$9/\pi^2$
重指数	$e^{-|x|}/2$	$2/3$

从表13的渐近相对效率可以看出,当数据来自正态分布时,t 检验优于 Wilcoxon 秩和检验;当数据来自均匀

分布时,两者效率相同;当数据来自另外两个厚尾分布时,Wilcoxon 秩和检验优于 t 检验。

在对 t 检验与 Wilcoxon 秩和检验进行比较时,我们假设数据的分布已知。一个自然的问题是:数据到底来自哪个分布,我们能否做一个检验?即假设数据 $X_1, X_2, \cdots, X_n$ 来自分布 $F(x) = P\{X_1 \leqslant x\}$,而 $F_0(x)$ 为一个完全已知的分布,如标准正态分布,我们的目的就是想检验

$$H: F(x) = F_0(x), \ \forall x \in (-\infty, +\infty)。$$

大家高中所学的频数直方图被用来估计数据的分布,但这个分布是概率密度函数;若我们想估计数据的分布函数 $F(x)$,则可以利用累积频数直方图。

$$F_n(x) = \sum_{i=1}^{n} I(X_i \leqslant x), \quad x \in (-\infty, +\infty),$$

我们称之为经验分布函数(empirical distribution function)。如果用经验分布函数来估计分布 $F(x)$,那么两者的接近程度如何?为此,柯尔莫戈洛夫(Kolmogorov)[①] 与其学生斯米尔诺夫(Smirnov)就研究了上述估计的接近程度

$$D_n = \max_x |F_n(x) - F_0(x)|。$$

---

① 柯尔莫戈洛夫(Kolmogorov,1903—1987),20 世纪最有影响力的数学家之一,概率论公理体系提出者。分别于 1925 年、1929 年在莫斯科国立大学取得数学学士及博士学位,1935 年取得数学物理博士学位;1939 年被评为苏联科学院院士;1980 年荣获了沃尔夫奖。他非常关心和重视基础教育,亲自领导了中学数学教科书的编写工作。他创立了具有可数状态的马尔可夫链理论,给出了连续分布函数与其经验分布函数之差的上确界的极限分布,这个结果是非参数统计中分布函数拟合检验的理论依据。

他们不仅证明：当 $H: F(x) = F_0(x)$ 成立时,对于很大的 n,上述 D_n 可以非常接近 0,且给出了其分布。这就是 20 世纪 30 年代后期,苏联的柯尔莫戈洛夫与斯米尔诺夫发展的一种不需使用参数的分布比较方法,在统计中,称之为 Kolmogorov-Smirnov 检验。

在非参数统计中,除了上述讲的非参数检验外,还有非参数估计。下面通过一个例子做一简单说明。假设我们有下面一组数[①]：

2.87, 7.61, 3.79, 2.82, 2.61, 1.52, 1.13, 1.73, 1.28, 3.02, 0.78, 1.73, 1.02, 5.39, 0.08, 3.73, 2.56, 2.25, 3.86, 3.26, 0.75, 1.51, 3.15, 1.53, 5.53, 5.10, 0.59, 2.37, 1.72, 0.78, 1.54, 8.53, 1.42, 2.45, 6.46, 1.39, 4.57, 6.46, 1.72, 1.99, 4.26, 5.61, 0.26, 1.36, 2.06, 4.23, 7.34, 8.35, 1.03, 5.58, 1.82, 7.22, 2.72, 2.80, 3.41, 1.75, 0.49, 1.53, 0.79, 0.82, 2.77, 4.14, 1.35, 1.84, 1.68, 1.03, 2.18, 4.39, 2.80, 6.09, 0.50, 2.94, 1.21, 2.23, 1.33, 1.92, 3.80, 4.41, 7.17, 1.81, 1.17, 1.34, 5.42, 1.53, 2.50, 5.69, 2.82, 4.93, 6.14, 3.87, 2.17, 3.94, 4.85, 1.07, 4.66, 0.20, 3.34, 7.36, 1.19, 0.29

由于我们不知道它的分布情况,故一个自然的想法就是画其直方图,看看它们的分布是否对称、与正态分布

[①] 这组数据是 R 软件中函数 rchisq(100,3) 产生的,即它们的分布为自由度 3 的 χ^2 分布。

像与不像等。此时,我们可以利用统计软件(如 R 软件)画出其直方图(图 11 中的柱状图)。

大家在高中学过直方图的作法:把横轴分成若干个等间隔的区间,之后以数据落入某区间的个数为高做一个矩形。如果用数学语言描述频率直方图,那么它就相当于估计数据的概率密度函数:对于给定的区间宽度 $2h$,则点 $x \in (-\infty, +\infty)$ 处的概率密度函数的估计值为

$$\hat{f}_h(x) = \frac{1}{2h} \frac{\#\{i: X_i \in [x-h, x+h], i=1,2,\cdots,n\}}{n}$$

$$= \frac{1}{2nh} \sum_{i=1}^{n} I(x-h \leqslant X_i \leqslant x+h)$$

$$= \frac{1}{2nh} \sum_{i=1}^{n} I\left(\frac{|x-X_i|}{h} \leqslant 1\right),$$

其中 $\#$ 表示集合中满足条件的元素个数。从上述表达可以看出,直方图之所以是柱状形式,原因就是它为 n 个 0 与 1 的叠加。如果我们把最后一个示性函数改为一个连续的,柱状图的不连续性是不是也就得到改善了?另外,从上述的最后一个表达式还可以看出,对点 x 处的估计值有用的数据就是离 x 距离为 h 的几个数据,而没有把所有数据都用到。这是不是有些不精确?为此,Murray Rosenblatt 于 1956 年[1]、Emanuel Parzen 于 1962 年[2]提出了概率密度函数的核估计(kernel estimation)。

如果把上述示性函数改用一般的函数 $K(\cdot)$（称为核函数），相应的估计则为核估计：

$$\hat{f}_h(x) = \frac{1}{nh}\sum_{i=1}^{n} K\left(\frac{x-X_i}{h}\right)。$$

当然，为了保证得到的估计是概率密度，且具有一定的优良性质，对核函数会有一定的要求（如在整个实数轴上的加和等于 1 等）。一般常用的核函数见表 14。

表 14　常用的核函数

核函数名称	表达式
均匀（uniform）	$\frac{1}{2}I(\|x\|\leqslant 1)$
三角（triangular）	$(1-\|x\|)I(\|x\|\leqslant 1)$
伊潘涅切科夫（Epanechikov）	$\frac{3}{4}(1-x^2)I(\|x\|\leqslant 1)$
四次（quartic）	$\frac{15}{16}(1-x^2)^2 I(\|x\|\leqslant 1)$
三权（triweight）	$\frac{35}{32}(1-x^2)^3 I(\|x\|\leqslant 1)$
高斯（Gaussian）	$\frac{1}{\sqrt{2\pi}}e^{-x^2/2}$
余弦（cosine）	$\frac{\pi}{4}\cos(\pi x/2)I(\|x\|\leqslant 1)$

上述七种常用的核函数的图形如图 10 所示。从图 10 中可以看出，除了均匀核函数与三角核函数外，其他

---

[1] Rosenblatt, M., "Remarks on some nonparametric estimates of a density function," *The Annals of Mathematical Statistics* 27, no.3(1956):832-837.
[2] Parzen, E., "On estimation of a probability density function and mode," *The Annals of Mathematical Statistics* 33, no.3(1962):1065-1076.

核函数都是光滑函数。

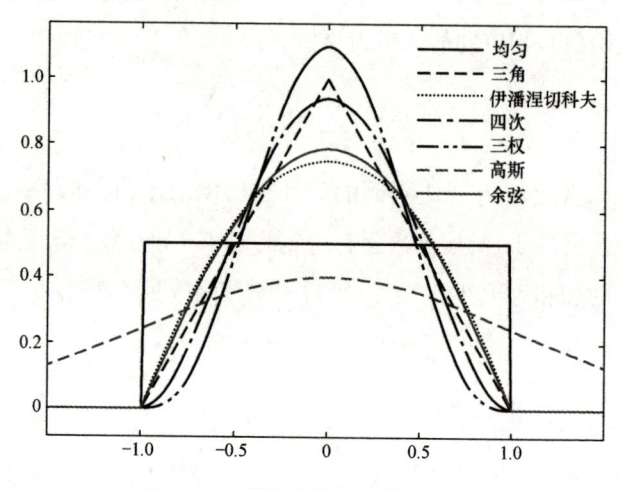

图 10 七种常用的核函数的图形

对于上述 100 个数据,我们利用高斯核函数得到了 $h=0.3, 0.5, 0.7$ 与 1 的不同核估计(图 11 中的黑色曲线)。从图 11 及核估计定义可以看出,估计的光滑性赖于区间的宽度 h,故参数 h 如何选取,就是核估计中的一个研究问题。现从理论上已证明了它的最优取值,但由于实际中此值依赖于数据,故还有一些常用方法,如交叉验证(cross-validation)法等可用来确定 h。

另外,在非参数统计中还有一类重要的研究内容——非参数回归(non-parametric regression),介于本书内容所限,以及专业性,这里就不再赘述,请有兴趣的读者参阅相关文献,如 Fan and Gijbels(1996)。

非参数统计方法的一个最主要的优良性质就是与分

(a) $h=0.3$

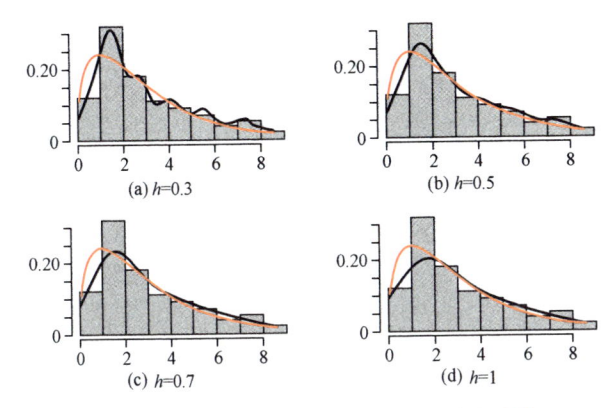

(b) $h=0.5$

(c) $h=0.7$

(d) $h=1$

图 11　直方图及核估计曲线（红色曲线为真值）

布无关(distribution free)，即无论是前述的 Wilcoxon 秩和检验 W_Y，还是这里的 D_n，当要检验的假设 H 成立时，它们的分布均不依赖于数据原来的分布。比如，在 Kolmogorov-Smirnov 检验中，在假设 H 成立时，D_n 的分布不依赖于 F_0，这也是非参数统计与参数统计最明显的区别。有人甚至把非参数统计比喻成"包治百病的灵丹妙药"，而参数统计则是治疗"某种疾病的特效药"。

▶▶ 贝叶斯统计

国际统计学可分为频率学派和贝叶斯[1]学派。我们

---

[1] 贝叶斯(Bayes，1702—1761)，1742 年当选为英国皇家学会会员。1763 年 12 月 23 日，Richard Price 在英国皇家学会上宣读了贝叶斯生前的一篇文章《机遇理论中一个问题的解》(*An easy toward solving a problem in the doctrine of chance*) 1764 年发表在 *Philosophical Transactions* 上，1958 年又在 *Biometrika* 上重发。概率论著名的贝叶斯公式就是在这篇文章中给出的。

前述所讲的内容都是频率学派。频率学派是指多次重复后可用频率估计概率,而贝叶斯学派则指有时某些问题无法重复观测,但根据个人经验,会有一个先验(prior)信息。比如,估计今天下雨的概率,我们就不可能利用频率来估计,由于我们不可能把今天天气状况重复多次,且每个人对下雨与否的判断也是不同的。频率学派与贝叶斯学派各有自己的优点与不足,但贝叶斯方法在大数据及人工智能中的应用越来越多,故本节简单介绍什么是贝叶斯统计。

我们先从概率论中的贝叶斯公式谈起。生活中,我们好多人都去医院看过医生,其实医生给病人看病的道理就是贝叶斯公式。一位病人到医院看医生,医生基于自己的经验或知识,就可以根据病人表现出来的症状来判断病人大概得了什么病。为什么呢?由于他从其看病经验或所学知识,已知什么病会有什么症状,之后他就根据这些症状来判断最可能得了什么病,这也是我们常说的对症下药。若用概率语言,我们简述贝叶斯公式如下:以 B 记病人的症状,A_k 记第 k 种疾病,则

$$P(A_k \mid B) = \frac{P(A_k)P(B \mid A_k)}{P(B)}$$
$$= \frac{P(A_k)P(B \mid A_k)}{\sum_k P(A_k)P(B \mid A_k)}, k=1,2,\cdots$$

$P(A_k)$ 表示此疾病发生的概率,$P(B \mid A_k)$ 称为条件概率,即在患疾病 A_k 时,将有症状 B 的概率。于是,医生就

根据最大的概率值 $P(A_k|B)$ 来判断患者最可能得了什么疾病。在贝叶斯统计中,我们称 $P(A_k)$ 为先验信息,而称 $P(A_k|B)$ 为后验信息。

下面我们再看一个贝叶斯公式的应用。假设一道选择题有四个选项,如果知道全班只有 5% 的学生会做这道选择题,且给出正确答案的概率为 0.99。如果学生不会做这道选择题,那么假设他们在四个答案中随机猜。请问这道选择题难吗?

对于这个问题,我们以 A 表示学生随机猜答案,以 B 表示学生给出的答案正确,则由题意知
$$P(B|A) = 0.25, P(B|\overline{A}) = 0.99,$$
其中 $\overline{A}$ 表示 A 的对立事件,即学生会做这道选择题。

于是,由贝叶斯公式知道,一个学生给出的答案正确,但是猜对答案的概率为

$$P(A|B) = \frac{P(A)P(B|A)}{P(A)P(B|A)+P(\overline{A})P(B|\overline{A})}$$

$$= \frac{0.95 \times 0.25}{0.95 \times 0.25 + 0.05 \times 0.99} = 0.827\ 5,$$

这就是说约 83% 答对的学生给出的答案是猜对的,这说明此题太难了。如果把难度降到全班有 90% 的学生能给出正确答案,即 $P(A) = 0.1$,于是,我们可算得

$$P(A|B) = \frac{0.1 \times 0.25}{0.1 \times 0.25 + 0.9 \times 0.99} = 0.027\ 3。$$

上述例子仅是贝叶斯公式的应用,下面通过一个产

品质量检验,看如何对产品的次品率进行贝叶斯估计。我们为了估计某型号产品的次品率,现从中随机地有返回抽取 n 个产品,并进行质量检测(非破坏性检测),并记

$$X_i = \begin{cases} 1, & \text{第 } i \text{ 个产品为次品}, \\ 0, & \text{否则}, \end{cases}$$

则由概率论知识有:$X_i \sim b(1, p)$,其中 $p \in (0,1)$ 为次品率。则频率学派给出的 p 的一个估计为

$$\hat{p} = \frac{1}{n} \sum_{i=1}^{n} X_i \text{。}$$

为了给出 p 的贝叶斯估计,假设关于次品率 p,我们有一个先验信息,记为 $\pi(p)$,且把分布 $b(1, p)$ 记为 $f(x|p)$。这样,我们关于 p 的信息就包含在如下的联合分布中:

$$f(x_1, \cdots, x_n, p) = \pi(p) \prod_{i=1}^{n} f(x_i \mid p) \text{。}$$

此时,我们的目的在于给定 n 个检测结果后,估计 p。我们称

$$f(p \mid x_1, \cdots, x_n) = \frac{\pi(p) \prod_{i=1}^{n} f(x_i \mid p)}{\int_0^1 \pi(p) \prod_{i=1}^{n} f(x_i \mid p) \mathrm{d}p}$$

为给定样本后 p 的后验分布。由此后验分布而得到的 p 的期望,被称为 p 的贝叶斯估计。

在实际中,如果我们没有 p 的先验信息 $\pi(p)$,那么可以采用无信息先验,即假设 $\pi(p)$ 在 (0,1) 上均匀分

布。由此我们可得到 p 的贝叶斯估计为

$$\tilde{p} = \frac{\sum_{i=1}^{n} X_i + 1}{n+2}$$

于是,我们就有如下几个特殊情况下 p 的估计(表15):

表15 两个估计的比较

序号	样本数 n	次品数	频率估计 $\hat{p}$	贝叶斯估计 $\tilde{p}$
1	5	5	1	0.875
2	20	20	1	0.955
3	5	0	0	0.143
4	20	0	0	0.045

从表15可以看出,贝叶斯估计更符合我们的心理预期。但贝叶斯估计有两个主要的困难:

(1)先验信息未知。

(2)在求后验分布时,其分母的积分计算。

为了克服困难(1),有人提出可以利用历史数据估计先验分布后,再求贝叶斯估计,统计中称之为经验贝叶斯,它是由欧文·约翰·古德(Irving John Good,1916—2009)在破解德军的密码时提出的。为了克服困难(2),许多人提出了多个算法,其中最著名的是马尔可夫链蒙特卡洛(Markov Chain Monte Carlo,MCMC)算法,这也是贝叶斯计算的研究内容。请有兴趣的读者参考相关文献。

▶▶ 重抽样

在利用统计方法对某未知量进行估计时,估计精度是我们关注的一个永恒的主题。估计精度包括几个方面:估计值与真值的误差[统计中称之为偏差(bias)]、估计值的方差,以及估计值的分布或当数据量趋于无穷时的极限分布。在统计理论中,即使我们知道一个估计量的分布或极限分布形式,但其方差多数情况下仍是未知的,需要估计。而统计中的重抽样方法则可以处理估计值的偏差和方差估计,刀切法(jackknife)和自助法(bootstrap)则是两个最常用的重抽样方法。

实际中,为估计某未知参数 θ,假设我们收集了 n 个数据 $X_1, X_2, \cdots, X_n$,且用这 n 个数的某一个函数 $T(X_1, X_2, \cdots, X_n)$ 来估计 θ。如果 θ 是平均指标,那么可以取估计量 $T(X) = \frac{1}{n} \sum_{i=1}^{n} X_i$ 为样本均值。如果此估计量的偏差是 n^{-1} 量级($E[T(X) - \theta] = \frac{\delta}{n}$),那么我们能否找到一个减少偏差的估计,并估计其偏差与方差?

我们知道,如果上述数据有多组,那么可以得到估计量 T 的多个值,于是,也就可以得到其分布的估计(如直方图、核估计等),从而上述几个问题也可以得到解决。但现在只有一组数据,我们是否可以由一组数据产生估

计量 T 的多个值呢？为此，M.H.昆纳乌利（M.H.Quenouille）于 1949 年[1]和 1956 年[2]提出了刀切法思想，1958 年[3]，约翰·图基（John Tukey）将其命名为刀切法。

如果在 n 个数据中，每次计算都少用一个，于是就可以得到 n 个估计量 T 的值，这样是不是可以达到重复的目的？答案是肯定的，这就是刀切法的重抽样思想。

若记 $T(X_{-i})$ 表示在 n 个数据中去除第 i 个后得到的估计，即利用 $n-1$ 个数：$X_1,\cdots,X_{i-1},X_{i+1},\cdots,X_n$ 得到的估计，则称

$$T_J(X) = nT(X) - \frac{n-1}{n}\sum_{i=1}^{n}T(X_{-i})$$

$$= \frac{1}{n}\sum_{i=1}^{n}[nT(X)-(n-1)T(X_{-i})]$$

为刀切法估计。若记

$$\tilde{T}_i(X) = nT(X) - (n-1)T(X_{-i}), i=1,2,\cdots,n,$$

则刀切法估计为 $T_J(X) = \frac{1}{n}\sum_{i=1}^{n}\tilde{T}_i(X)$。

此时，可以证明，新的刀切法估计的偏差变成了 n^{-2} 量级了。由此可知，刀切法估计的偏差比原估计量小了一

---

[1] Quenouille, M. H., "Approximate tests of correlation in time-series 3," *Mathematical Proceedings of the Cambridge Philosophical Society* 45, no.3(1949):483-484.

[2] Quenouille, M. H., "Notes on bias in estimation," *Biometrika* 43 (1956):353-360.

[3] Tukey, J. W., "Bias and Confidence in not-quite large samples," *Annals of Mathematical Statistics* 29(1958):614.

个 n^{-1} 量级。另外,由于参数 θ 未知,故上述偏差都是理论上的阶,而实际中如何估计呢?为此,我们也可以利用刀切法思想,估计 $T(X)$ 的偏差与方差分别如下:

$$(n-1)[\overline{T}_- - T(X)],$$

和

$$\frac{n-1}{n}\sum_{i=1}^{n}[T(X_{-i}) - \overline{T}_-]^2,$$

其中 $\overline{T}_- = \frac{1}{n}\sum_{i=1}^{n}T(X_{-i})$。

在上述偏差的估计中为什么要乘 $n-1$ 呢?若记基于 n 个数据得到的估计 $T(X)$ 的偏差为

$$B[T(X)] = \frac{\delta}{n},$$

则基于 $n-1$ 数据得到的估计 $T(X_{-i})$ 的偏差就是

$$B[T(X_{-i})] = \frac{\delta}{n-1}。$$

于是,可算得 $\overline{T}_- - T(X)$ 的偏差为

$$B[\overline{T}_- - T(X)] = \frac{1}{n}\sum_{i=1}^{n}\{B[T(X_{-i})] - B[T(X)]\}$$

$$= \frac{1}{n}\sum_{i=1}^{n}\left(\frac{\delta}{n-1} - \frac{\delta}{n}\right)$$

$$= \frac{\delta}{n(n-1)},$$

由此可知,若不乘 $n-1$,则估计的偏差与真实的偏差就不在同一个量级上了。

虽然刀切法可以估计某些估计方法的偏差与方差，但并不是对所有的估计都有效，比如中位数的估计。顾名思义，中位数（median）就是处在中间位置的数。对于 n 个数 $X_1, X_2, \cdots, X_n$，其中位数为

$$X_{\text{med}} = \begin{cases} X_{((n+1)/2)}, & \text{如果 } n \text{ 是奇数}, \\ \dfrac{X_{(n/2)} + X_{(n/2+1)}}{2}, & \text{如果 } n \text{ 是偶数}, \end{cases}$$

其中 $X_{(1)} \leqslant X_{(2)} \leqslant \cdots \leqslant X_{(n)}$ 为原来 n 个数由小到大排序后的数据（统计中称之为次序统计量）。虽然排序时，我们把所有的 n 个值都考虑到了，但真正计算时，中位数最多用到两个数，于是，我们在计算刀切法估计的偏差或方差时，$T(X_{-1}), \cdots, T(X_{-n})$ 的值绝大部分都相同，这就导致刀切法重抽样没有意义了。

自助法是由布拉德利·埃弗龙（Brandley Efron）于 1979 年[1]提出的，它不仅克服了刀切法对估计量关于每个数据一视同仁的要求（中位数就不满足此要求），而且突破了最多 n 次重复。自助法重抽样按如下步骤进行：

- 从 n 个数据 $X_1, X_2, \cdots, X_n$ 中有返回地抽取 n 个，记为 $X_1^{(1)}, \cdots, X_n^{(1)}$；
- 重复上一步骤 B 次，得到 B 组自助法样本：
  $$(X_1^{(k)}, \cdots, X_n^{(k)}), k = 1, 2, \cdots, B。$$
- 基于上述第 k 个自助法样本，计算估计量

---

[1] Efron, B., "Bootstrap methods: another look at the Jackknife," *Annals of Statistics* 7, no.1(1979): 1-16.

$T(X^{(k)})$,以及其平均值 $\overline{T}^* = \dfrac{1}{B}\sum_{k=1}^{B} T(X^{(k)})$。

则 $T(X)$ 的偏差及方差的自助法估计值分别为

$$\overline{T}^* - T(X) \text{ 与 } \frac{1}{B-1}\sum_{k=1}^{B}[T(X^{(k)}) - \overline{T}^*]^2。$$

这两个重抽样方法既有区别,也有联系。刀切法估计去掉一个（leave one out)的思想,在统计中得到了广泛的应用,如影响分析、交叉验证等,极大地推进了统计学科的发展,也在其他许多领域得到了广泛应用。另外,埃弗龙在1979年证明,刀切法是自助法的一个近似(刀切法方差为自助法方差的一阶近似)。

自埃弗龙提出自助法后的二十年左右时间里,自助法得到了很好的研究,取得了十分丰富的研究成果,也得到了很好的应用,甚至可以说自助法是当代统计学的伟大成果之一。请有兴趣的读者参阅 Shao and Tu (1995) 或相关的研究文章。

▶▶ 不完全数据的 EM 算法

实际问题中的数据有千万种,但从数据是否完整来看,我们可以把数据分成完全数据（complete data)与不完全数据（imcomplete data),所谓不完全数据就是指我们所收集到的数据始终会有某种缺失。

如在新药研制过程中,临床试验是必不可少的,而临床试验的目的主要包括毒性与药效检测。假设在考查某种新药疗效的临床试验中，每位参与试验的患者会定期到医院取药，经过一段时间试验后，通过对记录数据的统计分析，判断此新药的药效。但在试验过程中，可能会有个别患者退出，即在某个时间后，不再来取药。于是，临床试验结束后，我们收集到了部分患者全部试验周期的数据，以及部分中途退出患者的部分数据。这样收集到的数据就被称为不完全数据。

不完全数据一般包括三类：截断数据（truncated data）、删失数据（censored data），以及缺失数据（missing data）。上述讲到的临床试验数据就是删失数据，此时有全部参与者的数据，只有部分患者的数据不全，存在删失。截断数据是指仅限于在某些特定条件约束规定的范围内观测的数据。如上述临床试验要求参与者的年龄为 18～50 岁，这样得到的数据就是截断数据。另外，在验证产品可靠性的试验中，考虑到时间因素的影响，有时试验者会提前设计一个停止时间或有多少个产品失效，试验就停止的规则，设置停止时间的试验就被称为定时截断试验，设置失效个数的试验就被称为定数截断试验。缺失数据是指在数据采集过程中，某些数据并没有收集到而丢失了。如在上述的临床试验中，某患者某次去拿药时的数据没有被完全记录下来。缺失数据又分为完全随机缺失（missing completely at random，MCAR）、随机缺失（missing at random，MAR）、非随机

或不可忽略缺失（not missing at random, NMAR, or non-ignorable）。

极大似然估计（maximum likelihood estimate, MLE）是统计中最常用、估计效果最好的一种估计方法之一。针对上述不完全数据，其极大似然估计如何计算呢？本小节通过一个例子介绍求取不完全数据极大似然估计的 EM 算法。但在讲述 EM 算法之前，我们先简单说一下什么是统计中的极大似然估计。

极大似然估计最早是由高斯于 1821 年针对正态分布给出的，费舍尔于 1922 年[①]给出了一般分布的极大似然估计，且研究了其理论性质。下面我们先通过一个例子说明什么是极大似然估计，之后再给出其定义。

假设在一个不透明的罐中放着一些白球和黑球，且两者数目之比为 1∶3，但不知哪种颜色的球多。现把罐中的球搅乱后，以 p 记随机摸出一球为黑球的概率。为确定 $p = 1/4$ 还是 $p = 3/4$，假设我们从罐中有放回地摸了 n 次，且以 X 记摸到黑球的次数。显然 X 越大，$p = 3/4$ 的可能性就越大。另外，由概率论知识知道，X 的概率分布是二项分布 $B(n, p)$，即

$$P(x; p) = P\{X = x \mid p\} = \binom{n}{x} p^x (1-p)^{n-x}.$$

为了给出 p 的极大似然估计的定义，我们先看 $n = 3$

[①] Fisher, R.A., "On the mathematical foundations of theoretical statistics," *Philosophical Transactions of the Royal Society of London*, Series A 222(1922): 309-368.

的情况。此时，我们针对不同的 x 值，计算得到上式的概率见表 16。

表 16 极大似然估计

x	$P\left(x;\dfrac{3}{4}\right)$	$P\left(x;\dfrac{1}{4}\right)$
0	$\dfrac{1}{64}$	$\dfrac{27}{64}$
1	$\dfrac{9}{64}$	$\dfrac{27}{64}$
2	$\dfrac{27}{64}$	$\dfrac{9}{64}$
3	$\dfrac{27}{64}$	$\dfrac{1}{64}$

从表 16 可以看出：

• 当 $x=0$ 时，即三次摸球一个黑球没有摸到时，因为 $\dfrac{27}{64} \gg \dfrac{1}{64}$，故认为 $p=\dfrac{1}{4}$ 更有可能。于是，p 看起来更像等于 $\dfrac{1}{4}$。

• 当 $x=1$ 时，即三次摸球仅摸到一个黑球时，因为 $\dfrac{27}{64}$ 是 $\dfrac{9}{64}$ 的三倍，故认为 $p=\dfrac{1}{4}$ 的可能性大于 $\dfrac{3}{4}$。于是，p 看起来更像等于 $\dfrac{1}{4}$。

• 同样，当 $x=2$ 或 3 时，即三次摸球摸到 2 或 3 个黑球时，p 看起来更像等于 $\dfrac{3}{4}$。

于是，若我们把 $\hat{p}$ 看成 x 的函数 $\hat{p}(x)$，则上述看起来更像的估计就是：

$$\hat{p}(x) = \begin{cases} \dfrac{1}{4}, \text{当 } x=0,1, \\ \dfrac{3}{4}, \text{当 } x=2,3。 \end{cases}$$

不知大家注意到了没有,我们在选取上述看起来更像的估计时遵循了如下原则:认为概率最大的事件最有可能发生,即我们选取的估计 $\hat{p}(x)$ 满足如下不等式:
$$P\{X=x|\hat{p}(x)\} \geqslant P\{X=x|p'\}, \forall p', \forall x。$$
这就是极大似然估计的基本思想。

假设每个数据都服从分布 $f(x,\theta)$,其中 θ 就是我们感兴趣的待估参数。如果 n 个数据相互独立,那么 n 个数据服从的联合分布为 $\prod_{i=1}^{n} f(x_i,\theta)$。我们称使 $\prod_{i=1}^{n} f(x_i,\theta)$ 达到最大的参数值 θ 为此参数的极大似然估计[1]。

例如,在估计一批产品的次品率 p 时,假设我们从此批产品中有返回地抽取 n 件,进行非破坏性检验,并分别记

$$X_i = \begin{cases} 1, & \text{第 } i \text{ 个产品为次品,} \\ 0, & \text{否则。} \end{cases}$$

则有 $X_i \sim b(1,p)$,且前述内容采用的估计就是 $\overline{X} =$

---

[1] 对于连续分布,$f(x,\theta)$ 代表概率密度函数;对于离散分布,则代表概率分布。另外,在统计中,$\prod_{i=1}^{n} f(x_i,\theta)$ 与 $\sum_{i=1}^{n} \ln f(x_i,\theta)$ 被分别称为似然函数和对数似然函数,且记为 $L(\theta;x_1,\cdots,x_n)$ 和 $l(\theta;x_1,\cdots,x_n)$。

$\sum\limits_{i=1}^{n} X_i/n$，它就是极大似然估计。实际上，$n$ 个数据的联合分布为

$$\prod_{i=1}^{n} p^{X_i}(1-p)^{1-X_i} = p^{\sum\limits_{i=1}^{n} X_i}(1-p)^{n-\sum\limits_{i=1}^{n} X_i},$$

利用求极值方法，对上述函数求关于 p 的极大值，则知其极大值在 $p = \overline{X}$ 处达到。由极大似然估计的定义，$\overline{X}$ 就是 p 的极大似然估计，这也符合频率学派的心理预期。

现在的统计理论已经证明：极大似然估计具有许多优良性质，是应用最广的估计之一。从其定义可以看，求极大似然估计就等于求一个函数的极大值。但是，在有些实际问题中，一个函数的极值并不容易求得，比如对于前述讲到的不完全数据。

1977 年，登普斯特[1]（Dempster）等三人提出了如何求解不完全数据极大似然估计的一个迭代算法——EM 算法。1983 年，吴建福[2]给出了 EM 算法在指数族分布以外的收敛性证明。下面通过一个例子说明 EM 算法。

为估计两枚硬币 a 与 b 出现正面的概率，现做 5 组试验，在每组试验中，都随机抽取一枚硬币，之后投掷此硬币 10 次，试验结果见表 17。

---

[1] Dempster, A. P., Laird, N. M. and Rubin, D. B., "Maximum likelihood from incomplete data via the EM algorithm," *Journal of the Royal Statistical Society*. Series B 39, no.1(1977):1-38.

[2] Wu, C. J., On the convergence properties of the EM algorithm," *The Annals of Statistics* 11, no.1(1983):95-103.

表 17 硬币试验

试验	硬币(Z_i)	正面次数(X_i)
1	b	5
2	a	9
3	a	8
4	b	4
5	a	7

其中第二列变量 Z 表示此组试验采用的硬币。若我们知道每组试验所投掷的硬币,即 Z 的值可观测,则全部 5 组试验中,硬币 a 投掷了 3 组,则其正面出现概率的极大似然估计为

$$\hat{p}_a = \frac{X_2 + X_3 + X_5}{3 \times 10} = \frac{9 + 8 + 7}{30} = 0.8。$$

此时,也可求得硬币 b 正面出现的概率的极大似然估计为

$$\hat{p}_b = \frac{5 + 4}{2 \times 10} = 0.45。$$

然而,若我们并不知道变量 Z 的值,即每组投掷哪枚硬币是未知的,则如何估计这两枚硬币正面出现的概率?此时,$\{(Z_i, X_i), i = 1, 2, \cdots, 5\}$ 就是完全数据,$X_1, X_2, \cdots, X_5$ 就是不完全数据。利用不完全数据估计两枚硬币正面出现概率 p_a, p_b 的困难,就在于 Z 值未知。此时,登普斯特等三人提出了如下的算法:先给 p_a, p_b 一个初值,然后:

(1) 基于给定的正面概率值,利用不完全数据估

计 Z。

(2)利用上步得到 Z 的估计值,更新 p_a, p_b 的估计值。重复以上两步,直到收敛。

在上述过程中,有两个估计需要考虑,其一是如何估计 Z,其二是知道 Z 后,如何估计正面出现的概率。从前述内容可知,当有了完全数据后,登普斯特等三人利用极大似然方法估计正面出现的概率,他们称之为 M 步,即 Maximum 步。在第一步时,他们提出用 Z 的期望作为估计,于是,他们称之为 E 步,即 Expectation 步。这就是 EM 算法的由来。

针对上述例子,我们利用 EM 算法估计两枚硬币正面概率的步骤如下:

(1)给两枚硬币正面概率一个初值,如取 $p_a = 0.6$, $p_b = 0.5$。

(2)为求给定数据及两个概率初值时 Z 的期望,先求其条件分布:

- 计算给定 Z 下,$X = x_1$ 的条件概率:

* 若 $Z_1 = a$,则 X_1 服从二项分布 $B(10, 0.6)$,可得条件概率

$$P\{X_1 = 5 | Z_1 = a\} = \binom{10}{5} 0.6^5 (1-0.4)^5 = 0.200\,7;$$

* 若 $Z_1 = b$,则 X_1 服从二项分布 $B(10, 0.5)$,可得条件概率

$$P\{X_1=5|Z_1=b\} = \binom{10}{5}0.5^5(1-0.5)^5 = 0.2461;$$

· 计算给定观测 $X=x_1$ 下,Z_1 的条件分布(假设 Z_1 等于 a 与 b 的无条件概率相等):

由前述的贝叶斯公式,我们有

$$P\{Z_1=a|X=x_1\}$$
$$=\frac{P\{Z_1=a, X=x_1\}}{P\{X=x_1\}}$$
$$=\frac{P\{Z_1=a\}P\{X=x_1|Z_1=a\}}{P\{Z_1=a\}P\{X=x_1|Z_1=a\}+P\{Z_1=b\}P\{X=x_1|Z_1=b\}}$$
$$=\frac{P\{X=5|Z_1=a\}}{P\{X=5|Z_1=a\}+P\{X=5|Z_1=b\}}$$
$$=\frac{0.2007}{0.2007+0.2461}=0.4492,$$

而

$$P\{Z_1=b|X=x_1\}=1-P\{Z_1=a|X=x_1\}=0.5508。$$

(3)由于 Z_1 的条件分布为两点分布,故用其期望近似其值后,我们知道在第一组的 10 次投掷中,共有 $0.4492\times10=4.5$ 次投掷硬币 a,其他 5.5 次投掷硬币 b,且还知硬币 a 投掷的 4.5 次中出现正面 $0.4492\times5=2.25$ 次,反面 $0.4492\times5=2.25$ 次;硬币 b 的 5.5 次投掷中,正反面均出现 $0.5508\times5=2.75$ 次。

(4)重复计算剩下 4 组试验,数据记录见表 18。

表 18　EM 算法迭代第一步

序号	x_i	$P\{X=x_i\|Z\}$ ① $Z=a$	② $Z=b$	$P\{Z\|X\}$ ③ $Z=a$	④ $Z=b$	a 的期望次数 ③×x_i 正	反	b 的期望次数 ④×x_i 正	反
1	5	0.200 7	0.246 1	0.449 2	0.550 8	2.25	2.25	2.75	2.75
2	9	0.040 3	0.009 8	0.804 4	0.195 6	7.25	0.80	1.76	0.20
3	8	0.120 9	0.043 9	0.733 6	0.266 4	5.87	1.47	2.13	0.53
4	4	0.111 5	0.205 1	0.352 2	0.647 8	1.41	2.11	2.59	3.89
5	7	0.215 0	0.117 2	0.478 4	0.521 6	4.53	1.94	2.47	1.06
和		—				21.30	8.57	11.70	8.43

(5)综合 5 组试验数据后,硬币 a 与 b 出现正面的概率的极大似然估计分别为

$$\hat{p}_a = \frac{21.30}{21.30+8.57} = 0.713\ 1, \hat{p}_b = \frac{11.7}{11.70+8.43} = 0.581\ 2。$$

(6)重复以上步骤直至达到精度要求。

经过几步迭代后,可以得到 a,b 两枚硬币出现正面的概率收敛到 0.8,0.52。但是,非常遗憾的是,虽然准确地得到了硬币 a 出现正面的概率,但硬币 b 出现正面的概率却离真值有一定距离。即使我们调试其他初值,也很难得到硬币 b 出现正面的概率的准确估计值。究其原因,应该是现在的试验次数过少导致的。若我们把每组投掷次数换为 20,且表 17 中的最后一列数据换为 9,16,18,8,17,则两枚硬币出现正面的概率分别为 0.85,0.425。若此时我们取初值 $p_a=0.6, p_b=0.5$,则前五次迭代结果见表 19。

表19 前五次迭代结果

迭代	$\hat{p}_a$	$\hat{p}_b$
第一次	0.782 0	0.484 7
第二次	0.849 0	0.428 7
第三次	0.850 0	0.425 8
第四次	0.850 0	0.425 7
第五次	0.850 0	0.425 7

从表19可以看出,此时迭代几步就收敛到真值了。若我们取初值 $p_a=0.4, p_b=0.6$,则迭代结果同表19,只是a,b两枚硬币的结果互换。若我们取初值 $p_a=p_b$,则EM算法无法适用。

我们注意到,统计中关于不完全数据的研究成果非常丰富,这里仅给大家介绍了其中的一种估计方法——EM算法,这只是沧海一粟,请有兴趣的读者参阅生存分析(survival analysis)或生物统计(biostatistics)方面的内容。

▶▶随机双盲对比试验

在药物研制过程中,为验证药物的有效性、毒副作用等,制药公司首先需要做动物试验。通过后,就可以向药监部门申请做临床试验(clinical trial)。临床试验共分四期:Ⅰ、Ⅱ、Ⅲ、Ⅳ期试验。按照国家药品监督管理局颁布的《药物临床试验质量管理规范》,四期试验为:

- Ⅰ期试验:时间短(数月)、规模小(20～30人),健康志愿者或患者均可参加,目的在于检查新药是否有急性毒副作用、合适的安全给药剂量及药物动力学试验。若没有严重问题,则转入Ⅱ期试验。

- Ⅱ期试验:时间及规模适当(几个月到两年,100～300人),试验对象为患者,目的在于观察新药是否有疗效,也对短期的安全性做进一步观察。通过后,转入Ⅲ期试验。

- Ⅲ期试验:长期大规模(一到四年,不少于300人),试验对象为患者,目的在于确认新药疗效及安全性,确定给药剂量。通过后,制药公司可向药监部门提出上市申请,待通过药监部门组织的专家鉴定后,经药监部门批准后就可上市。

- Ⅳ期试验:在新药批准上市后,进一步观察药物在大范围长时间内的疗效和安全性,并与其他药物进行比较;且观察在Ⅰ、Ⅱ、Ⅲ期试验中被排除在外的儿童、孕妇、老人患者群体的疗效、安全性和给药剂量。

在Ⅱ、Ⅲ期试验中,常采用随机双盲对比试验(randomized controlled double blind trial):将患者随机分为两组,一组吃新药A[称为处理组(treatment)],另一组吃安慰剂[1]B[称为对照组(contrast)];患者及试验者均不知A药与B药哪个为试验药(在Ⅱ期试验中也可不设

---

[1] 安慰剂(placebo),与新药形状、颜色、味道完全相同,但没有任何药效。

盲)。双盲目的在于消除心理因素的影响。在 IV 期试验中,可不设对照组。

随机与双盲准则是20世纪50年代中期,由李景均[①]教授领导一个评价癌症药物疗效的研究团体时提出的。下面以20世纪60年代美国脊髓灰质炎疫苗的有效性检测来说明随机双盲对比试验。

20世纪50年代初,美国国家小儿麻痹基金会(NFIP)认为由匹兹堡大学乔纳斯·索尔克(Jonas Salk)教授研制的疫苗有抗体,但是否推广,要进行一次大规模的现场试验。1954年美国公共卫生总署决定组织此次试验。试验对象是那些容易感染的人群:小学一、二、三年级的学生,试验方案有如下五种:

(1)方案一:与过去比较;

(2)方案二:不同地区的比较;

(3)方案三:给取得父母同意的儿童接种;

(4)方案四:NFIP 的试验方案;

(5)方案五:随机双盲对比试验。

对于方案一,由于脊髓灰质炎是一种流行病,而流行病每年的发病率变化很大,故被否决。

[①] 李景均 (Ching Chun Li,1912—2003),曾任金陵大学、美国匹兹堡大学教授,并于 1969 至 1975 年任匹兹堡大学公共卫生学院生物统计系主任。1932 年考入金陵大学农学院,1936 年赴康奈尔大学攻读遗传学与生物统计学博士学位。1941 年回国,先后任广西大学农学院、金陵大学农学院、北京大学农学系教授兼系主任;1951 年起任匹兹堡大学教授。1948 年,于北京大学出版社出版了《群体遗传学导论》英文书,收录了包括费舍尔等学者的工作,被认为是此领域的经典之一,也被翻译成多种语言。

对于方案二,由于脊髓灰质炎很可能在某些地区流行,而在另一地区不流行,故也被否决。

对于方案三,由于人们发现脊髓灰质炎似乎偏爱那些卫生保健条件较好的人,而父母同意接种的家庭接受教育程度往往较高,家境比较富裕,居住条件也较好,故这将导致疫苗有效时,而试验方案不利于人们认为疫苗有效。这是一个条件不对等的对照比较,也被否决。

方案四仅给所有二年级并取得父母同意的儿童接种疫苗,而将一、三年级的儿童作为对照组。此方案除有方案三的不足之外,还有:

• 脊髓灰质炎是通过接触传染,二年级的儿童的发病率可能比一、三年级的儿童的发病率低或高;

• 医生明确知道一、三年级的儿童没有接种,医生在诊断一年级儿童时也知道哪些接种了疫苗。

方案五如下安排试验:

• 双盲:医生不知道谁接种与不接种;参加试验的儿童不知道自己是在处理组还是对照组。

• 对等:由于试验有风险,但也可能有效,故儿童是否接种都要事先征得父母同意。

• 随机分配。

方案五的试验结果见表20,从中可以看出,此疫苗有效。

表 20　随机双盲对比试验结果

试验情况		人数	患病数	10万人患病比例/%
父母同意参与试验	接种	200 745	57	28.4
	不接种	201 229	142	70.6
父母不同意参与试验		338 778	157	46.3

　　随机双盲对比试验现在已经成为许多药物临床试验的金标准,但是我们必须注意到,随机双盲对比试验也有不足之处:比如有些病人,特别是"绝症"病人,他们愿意接受新的疗法,故医生盲目遵循随机处理是不道德的。另外,若同时利用新疗法与安慰剂进行治疗,假设医生对没有产生疗效的病人改用标准的治疗,则服用安慰剂没有效果的病人就会被转走,只有因为不知什么原因而出现好转的病人才会留在安慰剂组。这样到最后数据分析时,接受安慰剂的病人都是因为病情好转而留下来的,则会发现安慰剂与新疗法一样有效,甚至安慰剂疗效更好。因此,在临床试验中,还有其他一些处理方法,请有兴趣的读者参阅相关文献。

统计艺术

> 随机非随意，概率破玄机。无序隐有序，统计解迷离。
>
> ——严加安

艺术的定义有许多种，但艺术始终与人、与经验密不可分，约翰·杜威(John Dewey, 1859—1952)于1934年出版了《艺术即经验》一书，由此可见，在艺术创作过程中，经验很重要。那我们如何理解统计学是研究数据的科学与艺术呢？浙江财经大学李金昌教授专门写过一篇文章[①]谈论这个问题，他说："统计学如同建筑学。一栋建筑物是否满足使用功能、是否安全耐用，讲的是其科学性；而建筑物的设计是否美观、是否方便使用，讲的是其艺术性。"如何使作为一般原则或规则的统计方法能够在实际应用中被灵活且富有创造性地展现出来，并很好地解决实际问题，就是统计学的艺术性所在。但是，科学性是统

---

① 李金昌：《为什么说统计学既是科学也是艺术》，《中国统计》2018年第11期。

计学的基础,没有科学性就谈不上艺术性。陈希孺院士也说过,统计学有两个要素,一是研究问题的数据,二是利用统计方法解决问题的人。数据是有背景的,不是干巴巴的数字;数据是随机的,不是固定不变的。这说明数据本身就具有艺术性的一面。另外,对同一问题,因采用的方法和对问题的理解都因人而异,不同的人得到的结果也不同,这也是统计学艺术性的一面。

总的来说,统计学的研究对象——数据,有艺术的特征,而人在解决问题过程中的经验、能力等都发挥着作用,故导致数据分析结果千差万别,这是统计学艺术性的另一面。于是,本部分从如下几个方面:数据的大与小、数据的随机性、人的经验与创造性等几个方面阐述统计学的艺术性。

▶▶ 数据的大与小

自小学起,考试就一直陪着我们成长,促使我们学习,鞭策我们进步。考试的目的不仅是检测一个人的学习效果,还可以用来检测他的学习能力。由于考试对每个人的重要性不言而喻,故其公正性、公平性就越发重要。自1985年开始,我国部分省市的高考分数就开始实行标准分制,那么什么是标准分?为什么实行标准分制?假设某班甲、乙两名同学,在某次考试中,甲语文、数学分别为75分与80分,乙语文、数学分别为95分与60分。

如果从简单加和来看，两者的成绩没有区别。但如果我们知道全班数学平均分为 60，且最高分为 80；全班语文平均分为 75，且最高分为 95 呢？甲数学分数最高，语文为平均分，而乙语文分数最高，数学为平均分，这样看来，两者没有区别。但如果我们还知道全班数学与语文的标准差分别为 10 与 15，那么甲、乙二人的数学与语文的分数远离平均分的距离（以标准差为单位）分别为

$$甲数学：\frac{80-60}{10}=2，语文：\frac{75-75}{15}=0。$$

$$乙数学：\frac{60-60}{10}=0，语文：\frac{95-75}{15}=1.33。$$

从这个角度看，甲、乙的成绩是不同的。而上述减平均值再除标准差后的得分就是当时多个省市采用的标准分。从上述计算可以看出，此时标准分就是每个考生成绩远离平均分多少个标准差。用公式表示如下：若共有 n 个考生，记某科的成绩为 $X_1,\cdots,X_n$，且记其平均值与标准差分别为

$$\overline{X}=\frac{1}{n}\sum_{i=1}^{n}X_i，S_n=\sqrt{\frac{1}{n-1}\sum_{i=1}^{n}(X_i-\overline{X})^2}，$$

则第 i 个考生的标准分为

$$\frac{X_i-\overline{X}}{S_n}。$$

从上述定义可以看出，标准分消除了各科间试题难度带来的分数不平等，更重视学生成绩的名次。从统计意义上说，每门课成绩的分布不同，而来自不同分布数据

的加和，不能反映两者的区别。也就是说，相同的数值，由于其内在的含义不同或来自的分布不同，我们应通过统计方法，找到这种差异，消除这种差异，挖掘数据内涵。

另外，数据可能是动态的，其大小是相对的。比如现在一个人的月工资 2 000 元，比 30 年前的月工资 1 000 元是高还是低？从绝对数字来看，2 000 元是 1 000 元的 2 倍，但扣除物价的增长，从购买力来看，现在的月工资 2 000 元比 30 年前的月工资 1 000 元要低许多了。所以说，我们不能用静态方法比较动态的数据。

我们在第一部分讲过，一个身高 175 厘米的男性小强与一个身高 170 厘米的女性小红，哪个更高些的问题。当时，我们是从概率分布角度比较的：对于成年男性，身高大于 175 厘米的概率为 10.8%，而成年女性身高大于 170 厘米的概率仅为 0.7%，故从数据分布的角度看，身高 170 厘米的小红更高些。如果再从标准分角度来看，小强与小红的标准身高分别为

$$\frac{175-167.48}{6.09}=1.23, \frac{170-156.58}{5.47}=2.45,$$

由此可知小红比小强高。

在统计中要注意，对于同一个问题，当采用不同的估计量时，其结果也可能是不同的。如在估计平均值时，可以用样本平均值，也可以用中位数，但两者多数情况下并不相同；如在衡量一组数据的波动性时，可以用前述讲的样本方差 S_n^2，也可以用绝对差

$$D_n = \sqrt{\frac{\pi}{2}} \frac{1}{n} \sum_{i=1}^{n} |X_i - \overline{X}|,$$

还可以用极差

$$R_n = \frac{1}{c_n}(\max_{1 \leqslant i \leqslant n} X_i - \min_{1 \leqslant i \leqslant n} X_i)。$$

关于是用 S_n^2 还是 D_n 衡量数据的波动性,在统计史上还有过一段故事。费舍尔认为样本方差好,而英国天文学家、物理学家亚瑟·斯坦利·爱丁顿(Arthur Stanley Eddington,1882—1944)却认为绝对差 D_n 更好。为了说明样本方差好,费舍尔提出了充分统计量[1]概念。费舍尔认为,数据中关于波动的信息全部包含在样本方差里,而 D_n 则做不到这一点。但爱丁顿认为,当数据中有异常点时,D_n 比样本方差更稳健(robust)。

在极差 R_n 中,其除数 c_n 类似于 D_n 中的 π/2,是用来修正估计准确性的[2]。

假设有 1 000 个数据,其中 100(1 − ε)% 个数据来自标准正态分布 $N(0,1)$,剩余的来自正态分布 $N(5,1)$,则对于不同的 ε,关于均值及波动性估计见

---

[1]如果在它给定下的样本联合分布与参数无关,称估计量 $T(X_1, X_2, \cdots, X_n)$ 为充分统计量。

[2]在用极差估计时,之所以除 c_n,是为了保证当数据为正态时,此估计是无偏的。具体来讲,它等于

$$c_n = n \int_{-\infty}^{+\infty} x[\Phi^{n-1}(x) - (1-\Phi(x))^{n-1}]\phi(x)\mathrm{d}x,$$

其中,$\Phi(x)$ 与 $\phi(x)$ 分别是标准正态的累积分布函数与概率密度函数。特别地,当 $n = 1\ 000$ 时,$c_n = 6.481\ 1$。

表 21。

表 21 不同污染数据下均值与波动性的估计

ε	均值估计		波动性估计		
	$\overline{X}$	中位数	S_n	D_n	R_n
0.01	0.049 8	0.010 0	1.137 1	1.051 6	1.365 6
0.05	0.274 0	0.100 7	1.451 8	1.260 2	1.494 7
0.10	0.398 7	0.033 3	1.777 4	1.551 6	1.647 5

从表 21 可以看出,中位数及 D_n 受到异常点的影响要小于样本平均值和样本方差,而用极差 R_n 的估计则不够准确。因此,在实际中,采用不同方法解决实际问题,也是统计学艺术性的一面。

总之,一个数据的等与不等、大与小对于统计来说,并没有实际意义,只有把它们放到实际问题中去考虑,这些数据的内涵才能展现出来。统计的目的在于如何研究揭示这些具有艺术性的数据所隐含的实际意义,这也是统计艺术的展示。

▶▶数据的随机性

古希腊哲学家赫拉克利特(Heraclitus,约前 540—约前 480 与前 470 之间)说,人不能两次踏进同一条河流,因为流向你的水永远是不同的水,而第二次踏进河流的你也不是过去的你。从哲学上看,世界万物都是时刻在变化着的,不会一成不变。同样,统计学的研究对象——数据,也是如此,因为它具有随机的一面。比如,我们测量某人的身高,即使用同一仪器,测量方法一样,但前后两次测量或多或少都存在一定的差异。再如我们前述多次提到的硬币投掷试验,大家不妨尝试:

- 掷 10 枚硬币,记录正面出现的次数。
- 掷 100 枚硬币,记录正面出现的次数。
- 掷 1 000 枚硬币,记录正面出现的次数。

大家很容易看到,每次投掷正面出现的次数都不是固定不变的。假设投掷多次,记录正面出现的次数为:

- 10 枚:4,4,5,6,4,3,3,4,5,9,3,5,7,9,…
- 100 枚:46,54,44,48,51,60,47,58,45,43,56,52,40,51,…
- 1 000 枚:486,501,489,472,527,474,508,510,478,508,493,511,489,…

观察上述三组数据,大家发现:

- 无论投掷 10 枚,100 枚,还是 1 000 枚,正面出现的次数都是变化的。
- 随着投掷硬币枚数的增多,正面出现的次数越来越集中到硬币枚数的一半。

上述第一点说明数据是随机的,但第二点告诉我们随机不随意,是有规律的。若大家学过概率论中的大数

定律[1]，则知道上述现象就符合大数定律。这说明随机中含有规律性，就等我们去发现、去挖掘了。数据分析就好比进入一座数据矿山，能不能成功开采，取决于你的开矿技术及手段。

另外，还须注意到，数据的随机性可能导致据此得到的结论存在误差。2000年美国总统大选曾引发了"世纪司法大战"，且此次大选并没有选出美国总统，而是经过36天的"总统难产"之后，最终由非民选的美国联邦最高法院确定小布什当选美国总统。究其原因是候选人戈尔和小布什在佛罗里达州的得票过于接近。1999年11月8日下午，佛罗里达州完成了67个县的计票工作，据统计，在大约6百万张选民票中，共和党小布什仅比民主党戈尔多得1 784张选民票，相当于佛罗里达州选票总数的0.029 9%。虽然这些选票差别很小，但却影响着此州25张选举人票的归属，也直接影响哪位候选人当选美国总统。选票数相差0.029 9%，从统计意义来讲，的确没有区别。在正式选举之前的1999年10月11日，二位候选人第二轮电视辩论后，美国有线电视新闻网民意调查1 000人，小布什得票49%，戈尔得票36%，超过抽样误差[一般地，在这种选举的抽样调查中，如果我们随机调查1 000人，那么其抽样误差大小见表22（王静龙，

---

[1] 若第 i 次投掷为正面，则记 $X_i=1$；否则记为 0。且记正面出现的概率为 p，则大数定律告诉我们：当 $n \to \infty$ 时，$\frac{1}{n}\sum_{i=1}^{n} X_i$ 依概率 1 收敛于 p。

2017)]正负 3% 的 2 倍,小布什稳定领先戈尔;到 10 月 18 日第三轮电视辩论后,美国有线电视新闻网统计,小布什得票 44%,戈尔得票 46%,戈尔领先小布什 2%,但远小于抽样误差正负 3% 的 2 倍,说明两者难分伯仲。

表 22　1 000 人随机调查的抽样误差

置信水平/%	抽样误差/%	置信水平/%	抽样误差/%
50	1.070	95.000	3.100
60	1.300	99.000	4.100
70	1.600	99.900	5.200
80	2.000	99.990	6.200
90	2.600	99.999	7.000

若记 $X_i=1$ 表示第 i 个被调查人支持小布什,否则以 0 记支持戈尔。另外,以 p 记小布什的支持率。则由概率论知识有 $\sum_{i=1}^{n} X_i \sim B(n, p)$。由于 $n=1\,000$ 比较大,故由概率论的中心极限定理可知

$$\frac{\sqrt{n}(\overline{X}-p)}{\sqrt{p(1-p)}}$$ 的极限分布为 $N(0,1)$,

于是,由统计中的置信区间知识,p 落入区间

$$\left(\overline{X}-u_{\alpha/2}\frac{\sqrt{p(1-p)}}{\sqrt{n}}, \overline{X}+u_{\alpha/2}\frac{\sqrt{p(1-p)}}{\sqrt{n}}\right)$$

的概率为 $1-\alpha$,其中 u_α 为标准正态的上侧 α 分位数。这样就知道,在 $100(1-\alpha)\%$ 的置信水平下,用样本均值 $\overline{X}$ 估计 p 的误差为

$$u_{\alpha/2}\frac{\sqrt{p(1-p)}}{\sqrt{n}}。$$

但由于 p 未知,而 $p(1-p)$ 的最大值为 1/4,故最大误差为 $\dfrac{u_{\alpha/2}}{2\sqrt{n}}$。

从此报道可以看出,这种抽样抽查结果是随机抽样的结果,故其结果均存在一定的误差。要比较两个结果的大小,一定要考虑到抽样误差的大小,而不能仅从绝对数值来看它们的大小。这就是由数据本身具有随机性造成的。

另外,我们在利用受到随机影响的数据研究某些问题时,也应注意到利用不同指标或准则导致的结论可能也不同。比如,坐飞机与火车出行哪个更安全?要回答此问题,我们自然要收集相关数据,之后让数据说话。但是,在收集数据之前,我们要考虑用什么指标来比较。考虑到飞机与火车在载人方面的不同特点,如距离、输送能力等,假设考虑的安全指标有:

- 指标 1:每十亿千米的死亡人数。
- 指标 2:每十亿千米乘客的死亡人数。
- 指标 3:每十亿小时乘客的死亡人数。
- 指标 4:每十亿乘客的死亡人数。
- 指标 5:每百万次出行事故率。

据有关数据:

- 每十亿千米飞机与火车死亡人数分别为 0.05 与

0.6，因此，从指标 1 来看，飞机比火车安全。

• 每十亿千米乘客飞机与火车死亡人数分别为 0.3 与 0.9，因此，从指标 2 来看，飞机比火车安全。

• 每十亿小时乘客飞机与火车死亡人数分别为 30.8 与 30，因此，从指标 3 来看，火车比飞机安全些，但两者差不多。

• 每十亿乘客飞机与火车死亡人数分别为 117 与 20，因此，从指标 4 来看，火车比飞机更安全；

• 飞机百万次出行事故率为 0.8，火车百万次出行事故率为 1.0，因此，从指标 5 来看，飞机比火车安全。

这种比较指标还有许多，如事故的存活率等。不论如何，对于同一个问题，不同指标得到的结论可能完全相反。所以说，在许多实际问题中，采用的比较指标或准则不同，结论会完全不同。从此例可以看出，解决一个问题，准则不是唯一的，但在许多实际问题中，如何建立一套科学、合理的指标体系，则是统计学中的一个非常重要的课题。这一点，我们也可以在前述提到的学科评估指标体系中看出来。

数据的随机性是真实存在的，它给科学探索带来了困扰，但也正是由于数据是随机的，它才给科学家带来探索真理的乐趣，才给概率统计学科的发展带来了机遇。

▶▶人的经验与创造性

本节将通过几个例子阐述使用者的经验与创造性对于如何让数据说话的重要性。

➡➡飞机装甲与坦克数量

第二次世界大战期间,美国军方邀请部分统计学家成立了两个统计小组。一次,美国军方找到其中一个小组的成员亚伯拉罕·瓦尔德(Abraham Wald,1902—1950)[1]教授,要求他看看飞机上弹孔的统计数据,询问他在飞机的哪个部分安装装甲比较合适。当时,美国军方提供给瓦尔德的数据见表23。

表23　每平方英尺弹孔数

飞机部位	每平方英尺弹孔数
引擎	1.11
机身	1.73
油料系统	1.55
其他部位	1.80

如果仅从弹孔多少来看,哪个部位每平方英尺的弹孔最多,此部分最应该加装装甲。但瓦尔德教授说,飞机

---

[1] 亚伯拉罕·瓦尔德(Abraham Wald,1902—1950),美国统计学家,出生于罗马尼亚,1931年于维也纳大学获数学博士学位,1938年到美国,1950年去印度讲学时,因飞机失事遇难。他是统计决策理论的创立者、序贯分析的提出者。

上最应该加装装甲的地方不是弹孔多的地方,而是弹孔少,甚至没有弹孔的引擎。他的逻辑非常清晰:飞机各部位中弹的概率应该是一样的,那为什么引擎上的弹孔会很少?引擎上的弹孔到哪儿去了?其原因是我们统计的弹孔数仅是飞回来的飞机的,而那些坠毁的飞机则无法统计到。

第二次世界大战期间,这个统计小组还有一项工作在文献中多次被提到。当时,盟军想知道德军某型号坦克的产量,但情报部门给出的估计并不准确,于是,此统计小组就依据战场上某段时间内缴获的全部 N 辆坦克上的最大编号 M,给出了此型号坦克产量估计值为

$$M\left(1+\frac{1}{N}\right)。$$

据此公式,他们得到的估计见表24。第二次世界大战后,经与实际产量核实后,发现统计小组给出的估计是合理的。

表 24　德军坦克产量　　　　　　　　　单位:辆

日期	统计估计	情报估计	实际产量
1940 年 6 月	169	1 000	122
1941 年 6 月	244	1 550	271
1942 年 8 月	327	1 550	342

统计小组是如何得到上述公式的?我们知道,每辆坦克都有一个序列号,且序列号是连续的。若假设战场上缴获坦克是随机的,则可以由统计中的矩估计得到上

述公式[1],但这个矩估计并不是通常意义下的矩估计,而是统计小组根据实际情况创造出来的方法。

上述两个例子告诉我们,数据是"死的",但如何让数据说话,则是统计学家必须探究的。

➡➡《红楼梦》与统计

"满纸荒唐言,一把辛酸泪。都云作者痴,谁解其中味?"这是《红楼梦》第一回中的诗,也是作者以自己的身份来写的唯一一首诗。《红楼梦》是我国四大名著之一,大部分人都读过,但你理解其中意味吗？我国著名统计学家、中国科学院安鸿志[2]教授指出曹雪芹对清朝雍正皇帝具有很深的恨,他利用大学"数学分析"中的区间套思想,推断出:

8月23日 = 雍正忌日 = 荣国府欢乐之日。

安鸿志教授发现,在《红楼梦》一书中仅有两回出现过日期,即三十七回的8月20日与四十一回的8月25日,而这五回将前八十回中花团似锦之盛、欢乐无限之态推向顶峰。他根据这五回中次日、头天等时间状语,推

---

[1] 假设坦克产量为 K,若以 $X_1, X_2, \cdots, X_N$ 记缴获的 N 辆坦克的编号,且假设来自如下的离散均匀分布:

$$X_1, X_2, \cdots, X_N \sim \begin{pmatrix} 1 & 2 & \cdots & K \\ 1/K & 1/K & \cdots & 1/K \end{pmatrix},$$

记 $X_{(1)} \leqslant X_{(2)} \leqslant \cdots \leqslant X_{(N)}$,则可由

$$E[X_{(N)}] = \sum_{i=1}^{K} P\{X_{(N)} \geqslant i\}$$

求得上述公式。

[2] 安鸿志:《随缘话红楼》,上海财经大学出版社,2012。

断出这几天荣国府的活动有：20日，贾政出差；21日，起诗社；22日，接湘云；23日，写菊花诗；24日，茗烟出城；25日，史太君两宴大观园。而8月23日雍正驾崩之日，正是薛宝钗所作"眼前道路无经纬，皮里春秋空黑黄"的讽喻诗《螃蟹咏》在菊花诗会夺魁之日。按农历一年354天算，这种巧合的概率是 $1/354=0.27\%$。

另外，大家都说《红楼梦》有两个作者，你们读出来了吗？为此，许多统计学家撰写文章进行了统计分析。

1980年，威斯康星大学陈炳藻教授在首届国际《红楼梦》研讨会上，宣读了一篇《从词汇上的统计论〈红楼梦〉的作者问题》论文，他把一百二十回依次分四十回一组作为处理组，把另一本书《儿女英雄传》作为对照组，他从每组中任取8万字，挑出其中的名词、动词、形容词、副词、虚词。由于三个处理组用词的相关程度远远超过对照组，故认为《红楼梦》作者系一人。

1987年，华东师范大学陈大康[①]教授把一百二十回依次分四十回一组，并统计了其中所含词、字、句等88个项目。由于前两组出现的规律相同，而与后四十回不一致，故认为《红楼梦》有两个作者。

1987年，复旦大学李贤平[②]教授选择了47个虚字为

[①]陈大康：《从数理语言学看后四十回的作者——与陈炳藻先生商榷》，《红楼梦学刊》1987年第1期。
[②]李贤平：《〈红楼梦〉成书新说》，《复旦学报（社会科学版）》1987年第5期。

识别特征,诸如"之、其、或、亦、了、的、不、把、别、好"等,统计各回上述虚字出现的频率,之后利用多元统计分析方法,探索各回写作风格的接近程度,并提出了《红楼梦》的成书新说,也认为其有两个作者。

2009 年,东南大学韦博成[①]教授选择了花卉、树木、饮食、医药、诗词 5 个情景指标,统计出它们在前八十回与后四十回的频数,之后利用统计方法检验前八十回与后四十回间在上述情景的描写上是否有差别。结果显示,《红楼梦》有两个作者。

2016 年,我国台湾学者潘富俊[②]从植物学入手,他汇总了前四十回总计出现植物 165 种,中间四十回有 161 种,后四十回只有 61 种,且都是常见的植物,因此他认为《红楼梦》有两个作者。

关于运用统计方法研究《红楼梦》的作者之谜的成果还有很多,也有人利用机器学习方法进行研究,请有兴趣的读者参阅相关文献。

➡➡南丁格尔与统计

大家知道英国 10 英镑纸币的背面图案上的女士是谁吗?她就是国际护理学创始人——弗洛伦斯·南丁格

[①]韦博成:《〈红楼梦〉前 80 回与后 40 回某些文风差异的统计分析(两个独立二项总体等价性检验的一个应用》,《应用概率统计》2009 年第 4 期。
[②]潘富俊:《草木缘情:中国古典文学中的植物世界》,商务印书馆,2016。

尔(Florence Nightingale,1820—1910)[①]。但大家可能不知道,她也是一位统计学家,并且是被英国皇家统计学会授予会员资格的第一位女性会士(fellow)。在 1853 年至 1856 年,英国与俄国爆发的克里米亚战争初期,英军的死亡率为 42%。1854 年,南丁格尔来到前线救助伤员后,通过分析堆积如山的军事档案,指出在克里米亚战争中,英军死亡率高的原因是伤员在战场外感染,及士兵在战场上受伤后没有适当地护理而致死,真正死在战场上的人反而不多。之后,她极力建议英国军方设立战地医院,并绘制了极区图或玫瑰图(polar area diagram or rose diagram)给军方。她的建议被采纳后,参战士兵的死亡率由 42% 降为 2.2%。

➡➡**物体称重**

在日常生活中,如何灵活应用平时所学,也是创造性思维的体现。假如给你一座天平,让你测量四个物体的质量。一个最简单、最直接的方法就是用天平分别称四个物体各一次,就得到了各自的质量。但是,我们是否也能只称四次,而得到四个物体更加精准些的测量结果呢?答案是肯定的。此时,我们不妨按照如下步骤称量四次:

[①] 弗洛伦斯·南丁格尔(Florence Nightingale,1820—1910),近代护理学与护士教育创始人。"南丁格尔"也成为护士精神的代名词,"5·12"国际护士节设立在南丁格尔的生日这一天,就是为了纪念这位近代护理事业的创始人。

(1)左侧放物体 A,B,C,D,右侧放砝码,记砝码质量为 y_1;

(2)左侧放物体 A 与 B,右侧放 C,D 与砝码,记砝码质量为 y_2;

(3)左侧放物体 A 与 C,右侧放 B,D 与砝码,记砝码质量为 y_3;

(4)左侧放物体 A 与 D,右侧放 B,C 与砝码,记砝码质量为 y_4。

我们注意到,上述砝码质量 $y_i>0$,表示它在右侧,否则表示在左侧。虽然四次称量没有直接得到四个物体的质量,但是,如果我们用 W_A,W_B,W_C,W_D 分别表示四个物体的质量,上述四次称量结果满足如下线性四个方程:

$$W_A+W_B+W_C+W_D=y_1,$$
$$W_A+W_B-W_C-W_D=y_2,$$
$$W_A-W_B+W_C-W_D=y_3,$$
$$W_A-W_B-W_C+W_D=y_4。$$

由这四个方程组容易求得四个物体的质量分别为

$$W_A=\frac{y_1+y_2+y_3+y_4}{4}, W_B=\frac{y_1+y_2-y_3-y_4}{4},$$

$$W_C=\frac{y_1-y_2+y_3-y_4}{4}, W_D=\frac{y_1-y_2-y_3+y_4}{4}。$$

由此可知,还是四次称量后,每个物体质量都是四次称量的平均值,故其精度比每次称量提高了一倍。实际上,我们在上述测量中,就应用到了下面的正交设计表(orthogonal design),见表25。

表 25　正交设计表

序号	A	B	C	D
1	+	+	+	+
2	+	+	−	−
3	+	−	+	−
4	+	−	−	+

▶▶让数据说话

统计学是研究数据的科学与艺术,如何让数据更好地说话,也是统计学艺术性的体现之一。图12是由达莱尔·哈夫(Darrell Huff,1913—2001)[①]撰写的 *How to Lie With Statistics* 一书的封面。此书中译本为《统计数据会说谎》。

美国数学会前主席埃里克·坦普尔·贝尔(Eric Temple Bell,1883—1960)曾说过,数字不会撒谎,但它们往往喜欢把真理隐藏在假象的背后(Numbers do not lie, but they have the propensity to tell the truth with intent to deceive)。普林斯顿大学统计系创立人约翰·图基曾说过,对正确问题的近似答案,胜过对错误问题的精确答案(Far better an approximate answer to the right question, which is ofter vague, than an exact an-

---

[①] Huff, D. & Geis, I., *How to Lie With Statistics* (New York: W. W. Norton & Company,1993)。此书1954年首次发行,是二十世纪后半叶美国最畅销的统计书。

图12 *How to Lie With Statistics* 封面

swer to the wrong question, which can always be made precise)。威斯康星大学麦迪逊分校统计系创立人乔治·爱德华·博克斯(George Edward Box,1919—2013)曾说过,所有模型都是错误的,但有些是有用的(All models are wrong but some are useful)。

从以上几位的论述中可以看出,如何把隐藏在数据里的真相挖掘出来,让数据的内涵展示出来,统计模型非常有用。但统计方法、统计模型有千万种,我们如何正确地利用它们就是一门艺术了。

➡➡ 平均值

假如某高校百年校庆之际,校长在回答记者提问时说:据统计,我们本科毕业生就业平均年薪30万元。如果追问校长:这个平均年薪怎么来的？校长回答说:百年校庆邀请了N位校友回访母校,这N位校友的平均年薪就是30万元。大家立刻明白了:噢,30万元的年薪不能代表此校本科毕业生的平均年薪吧。由于受邀参加母校百年校庆的都是杰出人士,故这N位校友的样本有偏。另外,即使校友样本没有偏,但如果其中有一位非常杰出的校友,假设他是世界首富,那么哪怕其他$(N-1)$位校友收入很低,这位首富也可以把大家"平均"到30万元的年薪了。这说明"平均"方法此时不适用。意大利经济学家维弗雷多·帕累托(Vilfredo Pareto,1848—1923)于19世纪末、20世纪初发现著名的二八理论:社会上20%的人占有80%的社会财富。这就是说,在讨论平均收入时,我们不能用平均值,而应该采用中位数。此时,即使有接近一半的富翁,也不会影响大家平均收入的计算。

多项体育比赛在计算一名运动员的最终得分时,都是去掉一个最高分、一个最低分后再平均。这样做的好处在于去除一些比较"特殊"值的影响,会使成绩公平些。在统计中,处理带有"异常点"数据时常用的一种平均值为如下的截尾均值:

$$\frac{1}{n-2[n\alpha]}\sum_{i=[n\alpha]+1}^{n-[n\alpha]}X_{(i)},$$

其中,$X_{(1)}\leqslant X_{(2)}\leqslant\cdots\leqslant X_{(N)}$,$\alpha$为给定的一个小值,$[n\alpha]$

表示不大于 na 的最大整数。

另外,在处理某些分类数据的平均值时,不妨先分类,再求平均值。有时,除了计算平均值外,还可以利用分位数来刻画数据的分布。2009 年,《中华儿科杂志》公布了我国 2005 年九省市初生婴儿的体重与身高分位数数据,见表 26。

表 26 我国 2005 年九省市初生婴儿的体重与身高数据

分位数	体重/千克		身高/厘米	
	男	女	男	女
3%	2.62	2.57	47.1	46.6
10%	2.83	2.76	48.1	47.5
25%	3.06	2.96	49.2	48.6
50%	3.32	3.21	50.4	49.7
75%	3.59	3.49	51.6	50.9
90%	3.85	3.75	52.7	51.9
97%	4.12	4.04	53.8	53.0

从表 26 可以看出,初生男婴体重轻于 2.62 千克的仅占 3%,而超过 4.12 千克的也仅占 3%。

另外,在利用平均值进行比较时,我们要注意在前文讲述的辛普森悖论。引发这种现象的原因是多方位的,但最主要的原因是影响观测结果的因素有多个,而我们所计算的平均指标仅是其中一个。再者,由于平均值很容易受到异常点的影响,故在利用平均值时,要注意先剔除异常点。

我们上述所说的平均数是算术平均数（arithmetic mean），在统计中，还有几何平均数（geometric mean）和调和平均数（harmonic mean）。对于 n 个数 $X_1, X_2, \cdots, X_n$，上述三组平均数分别为

$$\overline{X} = \frac{1}{n}\sum_{i=1}^{n} X_i, \overline{X}_G = \left(\prod_{i=1}^{n} X_i\right)^{1/n}, \overline{X}_H = \left(\frac{1}{n}\sum_{i=1}^{n} \frac{1}{X_i}\right)^{-1},$$

且三者间有如下关系

$$\overline{X} \geqslant \overline{X}_G \geqslant \overline{X}_H。$$

从上述定义可以看出，几何平均数受异常值的影响比算术平均数小，调和平均数受到极小值的影响更大。

➡➡**相关与因果**

变量间的因果关系也是我们一直想探究的，但统计研究的多是变量间的相关关系，而不是因果关系。虽然某些变量间的相关关系并不是因果关系，但我们从中可以得到某些有益的结论，如用父代的身高预测子代的身高等。

若我们从小学一年级开始一直到高中毕业，测量部分学生的足长与语文阅读能力，则会发现足长与语文阅读能力是正相关的，但这种相关并没有实际意义。究其原因，足长与语文阅读能力都与年龄正相关，即年龄是这两个变量间的混杂变量(图13)。

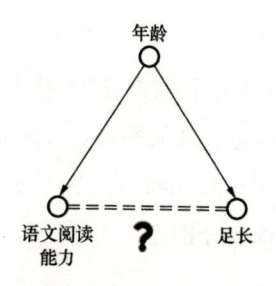

图 13　相关与因果

这样的例子还有许多。在丹麦有一个传说：一户人家屋檐上的颧巢数量与这家人所生孩子的数量有关。那么婴儿是颧鸟送来的吗？显然不是，虽然两者有一定的相关性：大房子有更大的空间为孩子和颧所用，但两者并没有因果关系。关于因果关系，在统计史上有一个著名的例子：吸烟会导致肺癌吗？

1948 年，英国两位研究人员理查德·沙博尔·多尔（Rechard Shaboe Doll，1912—2005）和奥斯汀·布莱德福·希尔（Austin Bradford Hill，1897—1991），对伦敦地区 650 多名男性肺癌患者进行问卷调查的同时，也调查了与肺癌患者同一时间进入同一家医院但没有患肺癌的类似病人（包括年龄、性别、社会经济地位等），将两组进行对比。他们观测到：肺癌患者中的烟民数量几乎是非肺癌患者中的 10 倍。因此，通过回顾性研究（retrospective study）[①]，他们认为吸烟与肺癌存在因果

---

①基于过去的历史数据，研究某种疾病产生的原因和影响。其不足是对照组与病例组不匹配。

关系,并于 1950 年发表了相关研究成果[1],由此打响了世界反吸烟的第一枪。从 1951 年起,多尔跟踪英国 6 万多名医生的吸烟情况与健康情况,到 1958 年,他通过前瞻性研究(prospective study)[2],得到吸烟与肺癌间存在如下的关联:

- 吸烟医生肺癌死亡率是不吸烟医生的 40 倍。
- 一生吸烟的人比一生不吸烟人的平均寿命少 10 年。
- 在 60,50,40 和 30 岁戒烟的人的期望寿命分别增加 3,6,9 和 10 岁。

虽然说数据显示两者间相关,但可能是有一个基因导致人吸烟,而这个基因也导致肺癌。为此,1958 年[3],费舍尔写过文章阐述此问题。

20 世纪 50 年代,曾短暂出任美国约翰斯·霍普金斯大学生物统计系主任的杰罗姆·康菲尔德(Jernme Cornfield,1912—1979) 与美国几位顶尖癌症专家,搜集了 1958 年之前不同国家、不同小组所做的 30 项流行病学研究,包括费舍尔的研究。他们指出,这些研究涵盖了各种研

---

[1] Doll, R. S., and Hill, A. B., "Smoking and carcinoma of the lung," *The British Medical Journal* 2(1950):739.
[2] 事先选定一群人,从研究之日起,详细记录他们与某种疾病有关的指标。其不足包括:研究范围小,结论也许只是针对这个特定群体而言;另外,为获得足以进行合理分析的数据,可能需要很长时间的观察。
[3] Fisher, R. A., "Cigaretters, cancer, and statistics," *Centennial Review* 11,no.2(1958):151-166.

究类型,并惊人一致地支持"吸烟是人体肺部鳞状细胞癌迅速增长的一个诱发因素",并于 1959 年[1]发表了其研究成果。

随着医学手段与技术的提高,我们越来越清晰地认识到,虽然吸烟与肺癌间的因果关系仍在研究之中,但各种数据分析都显示,抽烟越多,患肺癌的概率越大,且烟草中含有多种致癌物,其中苯并芘、亚硝胺等是强致癌物,故吸烟是引发肺癌的高危因素,是肺癌发病的主要因素之一。因此,在多数香烟的包装盒上都印有"吸烟有害健康"的相关警示文字或图片。

---

[1] Cornfield, H., Haenzel, W., Hammond, E. C., Lilienfeld, A. M., Shimkin, M. B., and Wynder, E. L., "Smoking and lung cancer: recent evidence and a discussion of some questions.," *Journal of the National Cancer Institute* 22(1959):173-203.

统计方法初步

统计如何变革了 20 世纪的科学。

——戴维·萨尔斯伯格

1903 年,赫伯特·乔治·威尔斯(Herbert George Wells,1866—1946)[①]曾经预言,在未来社会,统计学思维将像阅读能力一样,成为社会人人必不可少的能力。

作为一名科幻小说家,在 120 年前现代统计刚刚起步之时,就做出这样的预言,我们不知道其原因,但是,他揭示了当今统计发挥的作用。在当今大数据时代,如果一个人没有统计阅读数据的能力,将很难适应大数据时代及人工智能时代的发展。

本部分首先通过一个例子,简单介绍一些常用的数据分析方法,之后对统计中的某些常用研究方向做简单介绍。

[①] 赫伯特·乔治·威尔斯(Herbert George Wells,1866—1946),被称为"科幻小说之父"的作家和思想家。在威尔斯的著作中首次出现了时间机器和隐身人等科幻概念,他凭借自己丰富的科学知识与预见性,准确地预言了原子弹、联合国、四维空间、生长激素、克隆、飞机等。

▶▶ 数据分析实例

1977年,约翰·图基出版了《探索性数据分析》(*Exploratory Data Analysis*)一书[1],并开创了探索性数据分析这一方向。本节通过王静龙教授给出的一个例子,叙述如何对一个实际问题进行简单的数据分析。

假设某企业女职工抱怨,她们的工资比男职工低。为判断女职工的抱怨是否有道理,现从此企业随机抽取26名女职工与24名男职工,记录其工资如下(单位:元):

- 男:39 700,33 700,33 250,36 300,31 800,37 250,38 200,33 950,30 800,37 750,32 250,36 700,38 050,36 100,34 800,26 550,32 750,39 200,38 800,41 000,29 900,40 400,37 400,35 500

- 女:28 500,30 650,31 000,35 050,22 800,35 600,32 350,26 900,30 450,31 350,38 200,28 950,34 100,32 900,30 150,31 300,33 550,31 350,27 350,35 700,25 200,35 900,32 050,35 200,26 550,30 450

下面,我们对上述数据进行一些简单的统计分析,以

---

[1] Tukey,J. W, *Exploratory Data Analysis* (Pearson Modern Classic,1977).

回应女性职工的抱怨是否有道理。

❖❖❖ 散点图

图 14 为上述数据的散点图,其中圆点与加号分别代表男职工与女职工的工资,中间的横线表示全部 50 名职工的平均工资(33 313 元)。

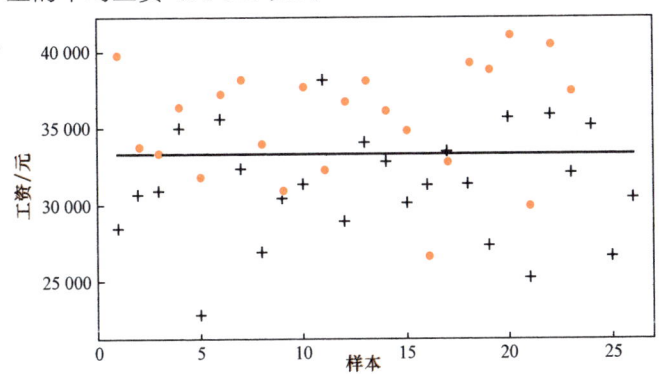

图 14　工资数据散点图(圆点、加号分别代表男职工与女职工的工资)

从此散点图可以看出:

- 男职工工资普遍高于平均工资,而女职工工资普遍低于平均工资。
- 数据分布中可能有某几个点比较特殊。

❖❖❖ 异常点识别

为了给出一种简单的异常点识别方法,我们先引进四分位数(quartile)的概念:对于 n 个数据 $X_1, X_2, \cdots, X_n$,把它们由小到大重新排列如下:

$$X_{(1)} \leqslant X_{(2)} \leqslant \cdots \leqslant X_{(n)}。$$

记

$$w_1 = \frac{n+1}{4}, k_1 = [w_1], e_1 = w_1 - k_1,$$

$$w_2 = \frac{3(n+1)}{4}, k_2 = [w_2], e_2 = w_2 - k_2,$$

其中$[x]$表示不大于x的最大整数。则称

$$Q_l = X_{(k_1)} + e_1[X_{(k_1+1)} - X_{(k_1)}],$$
$$Q_u = X_{(k_2)} + e_2[X_{(k_2+1)} - X_{(k_2)}]$$

为此组数据的下、上四分位数。在实际生活中,我们说一个人的成绩在班上处于中上等或中下等,就意味着其成绩为全班成绩的上、下四分位数。从此定义可以看出,介于上、下四分位数间的数据为全体数据的50%,且是中间的50%。

记$H = Q_u - Q_l$为中间50%数据的分散程度。若某个数据大于$Q_u + 1.5H$或小于$Q_l - 1.5H$,则认为其是异常点。

- 对于男职工,$Q_u = 38\,088$, $Q_l = 33\,125$,故$H = 4\,963$, $Q_u + 1.5H = 45\,532.5$, $Q_l - 1.5H = 25\,680.5$。由于所有24名男职工的工资都介于这两者之间,故认为没有异常点。

- 对于女职工,$Q_u = 33\,962$, $Q_l = 29\,250$,故$H = 4\,712$, $Q_u + 1.5H = 41\,030$, $Q_l - 1.5H = 22\,182$。由于所有26名女职工的工资都介于这两者之间,故也认为没有异常点。

❖❖❖均值比较

男、女职工工资的平均值、中位数、标准差列于表27中。从表27中可以看出,男、女职工工资的标准差基本相同,但工资平均值及中位数均有差别,且两者之差均大于一倍的标准差。这说明男、女职工的平均收入有区别。

表27 男、女职工工资均值　　　　　　单位:元

样本数	平均值	中位数	标准差
24名男职工	35 504	36 200	3 617.65
26名女职工	31 290	31 325	3 669.61
差	4 214	4 875	—

❖❖❖盒子图

约翰·图基提出可以用五个数:最小值、下四分位数、中位数、上四分位数及最大值来反映数据的分布情况,他将其称为五数概括。关于男、女职工工资收入数据,其五数概括见表28(为了比较平均值与中位数的区别,我们在表28中也列出了平均值)。

为了更直观地反映分布,约翰·图基又提出把上述五个数用图的形式表示出来,这就是如图15所示的盒子图。

表 28　男、女职工工资五数概括　　　　　单位:元

样本数	男职工	女职工	全部职工
最小值	26 550	22 800	22 800
下四分位数	33 125	29 250	30 688
中位数	36 200	31 325	33 400
(平均值)	(35 504)	(31 290)	(33 313)
上四分位数	38 088	33 962	36 250
最大值	41 000	38 200	41 000

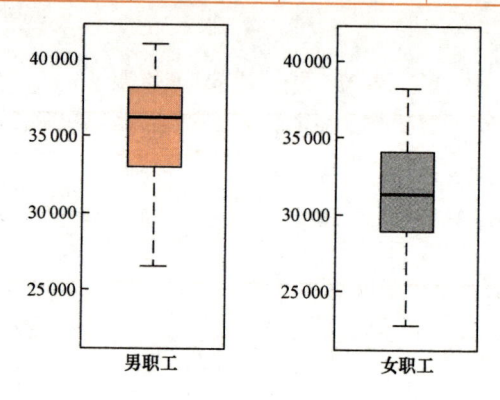

图 15　男、女职工工资的盒子图(单位:元)

在盒子图中,共画有五条线,从下到上分别对应着最小值、下四分位数、中位数、上四分位数与最大值;中间带有阴影的部分表示中间 50% 数据的集中程度。如果存在异常点,那么它们被画在最上(下)面那条线的上(下)方。从图 15 中我们可以看出数据是否对称、分散程度如何、是否存在异常点等。

从图 15 可以看出,男职工工资普遍高于女职工,且两者的分布都不对称。

❖❖❖茎叶图

在前述的盒子图中,我们可以看到数据的分布,但看不到具体的数值,也不知道有多少数据。为此,约翰·图基给出了如图 16 所示的茎叶图。

女	茎	男
8	22	
	23	
	24	
2	25	
96	26	6
4	27	
5	28	
0	29	9
7552	30	8
4430	31	8
941	32	38
6	33	37
1	34	08
97621	35	5
	36	137
	37	348
2	38	128
	39	27
	40	4
	41	0

图 16 男、女职工工资的茎叶图

所谓茎就是数据的主干,叶就是细节。在本例中,我们把工资千元以上为茎,百元及以下为叶;在叶部分,不足百元的部分四舍五入。从图 16 可以看出,男职工的工资普遍高于女职工。

❖❖❖数据排位

在非参数统计一节讲述 Wilcoxon-Mann-Whitney 秩和检验时,给出了秩(rank)的定义。为了比较男、女职

工工资是否有区别,我们把所有 50 名职工工资由低到高排位,见表 29。

表 29 工资由低到高排序

序号	性别	序号	性别
1	女	26	女
2	女	27	男
3	女	28	男
4	男	29	女
5	女	30	男
6	女	31	女
7	女	32	女
8	女	33	男
9	男	34	女
10	女	35	女
11	女	36	女
12	女	37	男
13	女	38	男
14	男	39	男
15	女	40	男
16	女	41	男
17	女	42	男
18	女	43	男
19	男	44	女
20	女	45	男
21	男	46	男
22	女	47	男
23	男	48	男
24	女	49	男
25	男	50	男

从表29可以看出，男职工工资排位取大值的多，而女职工工资排位取小值的居多，于是，数据排位支持男职工工资普遍高于女职工。

❖❖ 四格表

对于上述数据，我们还可以利用四格表或交叉表进行分析。表28中给出了全部职工的中位数为33 400，于是我们得到如下的四格表(表30)。

表30 男、女职工工资四格表

职工性别	低于中位数/人	高于中位数/人	合计
男职工	7	17	24
女职工	18	8	26
合计	25	25	50

表30显示，男、女职工工资明显存在着不平衡现象：男职工高于中位数的比例为70.8%，远大于50%，而女职工高于中位数的比例为30.7%，远低于50%。此四格表支持女职工工资低于男职工工资的说法。

❖❖ 考虑工龄

上述数据分析都支持女职工工资低于男职工工资的说法。但企业负责人说，工资除了与性别有关外，还与工龄有关。于是，我们把上述50名职工的工龄进行统计，见表31。

表 31　工资与工龄数据

男职工				女职工			
工资/元	工龄/年	工资/元	工龄/年	工资/元	工龄/年	工资/元	工龄/年
39 700	16	38 050	33	28 500	2	32 900	11
33 700	25	36 100	19	30 650	2	30 150	5
33 250	15	34 800	24	31 000	3	31 300	11
36 300	33	26 550	3	35 050	16	33 550	18
31 800	16	32 750	17	22 800	0	31 350	2
37 250	19	39 200	19	35 600	29	27 350	0
38 200	32	38 800	21	32 350	3	35 700	19
33 950	34	41 000	31	26 900	0	25 200	0
30 800	12	29 900	6	30 450	1	35 900	15
37 750	44	40 400	35	31 350	2	32 050	0
32 250	7	37 400	20	38 200	21	35 200	20
36 700	14	35 500	23	28 950	0	26 550	0
				34 100	8	30 450	4

为了考查工龄对工资是否有影响,王静龙(2017)把数据按照工龄与性别划分如下:

从表 32 可以看出,每个工龄组内男、女职工平均工资差别并不显著,且在低工龄组(20 年以下),男职工工资稍高于女职工。但在工龄[20,30)年组内,女职工工资高于男职工。另外,女职工工龄没有超 30 年的。由此可见,女职工工资低可能是由工龄普遍偏短造成的。这一点也可以从图 17 所示的散点图看出。

表 32　按工龄分组的职工工资

组		男	女	均值差
工龄不足 10 年	样本量	3	17	—
	平均值	29 566.67	29 420.59	146.08
工龄 [10,20) 年	样本量	9	6	—
	平均值	36 016.67	34 066.67	1 950
工龄 [20,30) 年	样本量	5	3	—
	平均值	36 040	36 333.33	−293.33
工龄超 30 年	样本量	7	0	—
	平均值	37 950	—	
全体	样本量	24	26	—
	平均值	35 504.17	31 290.38	4 213.79

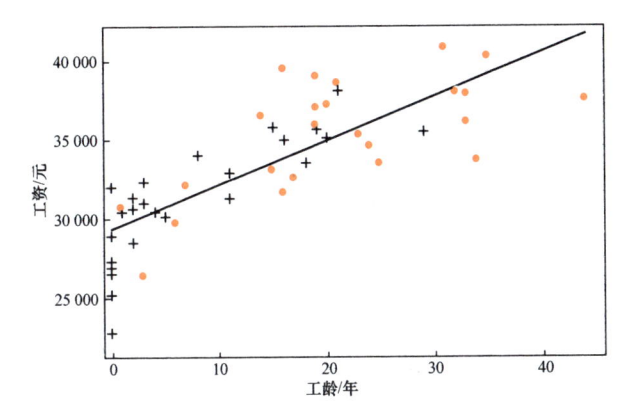

图 17　工资与工龄的散点图（圆点与加号分别对应男、女职工）

✦✦回归分析

另外，从图 17 所示的散点图还可以看出，职工工资与工龄具有一定的正相关趋势。此时，我们做一元线性

117

回归(参见前述回归分析),得到如下的回归直线:

工资 = 29 365.9 + 282.3 × 工龄, $R^2 = 0.641$。

如果我们分别对男、女职工的工资做关于工龄的回归分析,那么回归直线与 R^2 为

男职工工资 = 30 879.4 + 218.9 × 工龄, $R^2 = 0.436$,

女职工工资 = 28 730.9 + 346.6 × 工龄, $R^2 = 0.646$。

从三条回归直线可以看出:

• 从男职工工资与女职工工资回归直线的截距来看,男职工工资的起薪点高于女职工。

• 职工工资与工龄正相关,工龄每增长一年,平均工资增加 282.3 元。

• 男职工工龄每增长一年,平均工资增加 218.9 元,低于男、女职工平均增幅。

• 女职工工龄每增长一年,平均工资增加 346.6 元,高于男、女职工平均增幅。

当然,我们知道影响工资的因素还有很多,如工种、职级,以及取得的成绩等。为了得到更精细的分析结果,就必须再收集相关数据。另外,为什么女职工的工龄普遍低于男职工? 这是另外一个问题了,凭现有数据无法研究此问题。

前述结论仅是通过观察或数据初步分析得到的,统计学中还有一些更精准的数据分析方法,如前述讲的 t 检验或 Wilcoxon 秩和检验、χ^2 拟合优度检验等。另外,从上述回归直线,特别是男职工工资的回归直线,其拟合

好坏的指标 R^2 并不大,这说明线性拟合不一定适合,此时,我们可以用非参数回归进行拟合,请有兴趣的读者参阅相关参考文献。

▶▶三个常用工具

上一节讲述的数据初步分析方法,并没有假设数据具有什么分布形式,故它们是非参数的。然而,许多更加精细的统计方法要求数据是正态分布,且数据是独立同分布的。我们如何验证数据是否独立?数据是正态的吗?如果数据不是正态的,我们是否可以把数据变换成正态?就上述三个问题,本节给出最简单的解决方法。

➡➡正态性检验

关于数据是否服从正态的检验方法有许多,请大家参阅梁小筠《正态性检验》一书。这里仅给大家介绍一种各统计软件包中经常使用的 q-q 图[①]。

对于 n 个数据 $X_1, X_2, \cdots, X_n$,如果

$$\left(\Phi^{-1}\left(\frac{i-0.5}{n}\right), X_{(i)}\right), i=1,2,\cdots,n$$

呈一条直线,那么我们可以说这 n 个数 $X_1, X_2, \cdots, X_n$ 服从正态分布,其中 $\Phi(x)$ 为标准正态的累积分布函数,即

---

①q-q 图的原理:对于一个随机变量 ξ,若记其累积分布函数为 $F(x)$,则 $F(\xi)$ 服从 (0,1) 上的均匀分布。

$$\Phi(x) = \int_{-\infty}^{x} \frac{1}{\sqrt{2\pi}} e^{-\frac{t^2}{2}} dt,$$

$X_{(1)} \leqslant \cdots \leqslant X_{(n)}$ 为从小到大排序后的数据值。

图 18 就是 100 个正态数据的 q-q 图，从中可以看到，基本是一条直线，但并不是严格意义上的直线。

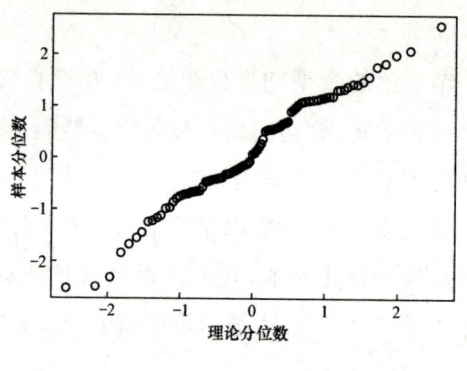

图 18 q-q 图

➡➡ **数据正态化变换**

我们在前述提到过乔治·E.博克斯(George E. Box, 1913—2013)[1]创立了威斯康星大学麦迪逊分校统计系。大卫·考克斯(David Cox, 1924—2022)[2]也是国际著名统计学家。由于二人的名字非常接近，且在英国戏院里，

---

[1] 乔治·E. 博克斯(George E. Box, 1913—2013)，著名统计学家，研究兴趣包括质量科学、工业统计，费舍尔的女婿。
[2] 大卫·考克斯(David Cox, 1924—2022)，著名统计学家，曾任英国皇家统计学会主席，1972 年提出了 Cox 风险比例模型(Cox proportional hazard model)。

"Box-Cox"表示由一名演员饰演的两个小角色,于是,当大卫·考克斯到威斯康星大学麦迪逊分校访问乔治·E.博克斯时,二人决定合作写一篇文章。这样,于 1964 年[1],二人提出了著名的 Box-Cox 变换:

$$x'_\lambda = \begin{cases} \dfrac{x^\lambda - 1}{\lambda}, & \lambda \neq 0, \\ \ln x, & \lambda = 0。\end{cases}$$

从表面上看,它与图基于 1957 年给出的 Tukey 变换

$$y = \begin{cases} x^\lambda, & \lambda > 0, \\ \ln x, & \lambda = 0, \\ -x^\lambda, & \lambda < 0, \end{cases}$$

差别不大,但两者有着许多不同的地方。图 19 给出了几种 λ 的变换图形。

显然,上述 Box-Cox 变换包括了许多常见变换:

- $\lambda = 0$,对数变换。
- $\lambda = -1$,倒数变换。
- $\lambda = 0.5$,平方根变换。

关于 Box-Cox 变换中 λ 的选取,统计学有多种方法,其中常用的方法有:

- 要求变换后的数据服从正态分布,故可用极大似然估计。

---

[1] Box, G. E. P. and Cox, D. R., "An analysis of transformations," *Journal of the Royal Statistical Society*, Series B 26(1964):211-252.

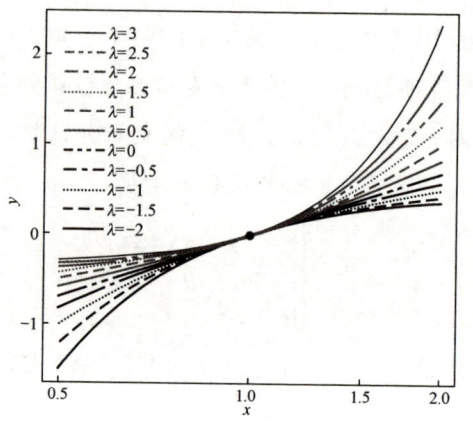

图 19　不同 λ 的 Box-Cox 变换

- 可根据变换后数据的直方图形状是否为正态,来选取值。
- 在线性回归中,可根据拟合后的残差图来判断取哪个值。

➡➡数据独立性检验

在统计中,始终假设 n 个数据 $X_1, X_2, \cdots, X_n$ 间是独立的[①],即相互之间不影响。那么如何验证数据间是否独立呢?本小节介绍一种常用的简单方法——游程检验(run test)。

假设我们随机地投掷一枚硬币,并以 $X_i = 1$ 记第 i

---

① 称两个随机变量 X, Y 独立,如果其联合分布 $F(x, y) = P\{X < x, Y < y\}$ 与各自分布 $F(x) = P\{X < x\}, G(y) = P\{Y < y\}$ 间有如下关系: $F(x, y) = F(x)G(y), \forall x, y$。

次投掷出现正面,否则 $X_i=0$。在硬币均匀的假设下,如果数字 0 与 1 出现是随机的,那么我们可以认为投掷是随机的,即独立的。此时,我们称同一数字连续出现的序列段为一个游程,一个游程中数字的个数,称为此游程的长度。假如投掷 20 次结果为

00111010110001111101,

则共有 10 个游程,长度分别为 2,3,1,1,1,2,3,5,1,1。若以 R_0,R_1 分别表示数字 0,1 的游程数,则在上述 20 次投掷中

$$R_0=5, R_1=5。$$

如果投掷是随机的,即投掷间独立,那么两个游程数应该相差不多。或者说,总的游程数 $R=R_0+R_1$,不应太多,也不应太少。于是,我们可以用总游程数的多少来判断投掷是否独立。

为了判断总游程数是大还是小,我们就需要其分布。当数据独立时,可以证明总游程数 R 的期望与方差分别为

$$E(R)=1+\frac{2mn}{m+n}, \mathrm{Var}(R)=\frac{2mn(2mn-m-n)}{(m+n)^2(m+n-1)},$$

其中 m,n 分别表示数字 0 与 1 出现的次数,且当 m,n 都比较大时,$\frac{R-E(R)}{\sqrt{\mathrm{Var}(R)}}$ 近似服从标准正态分布。

由此可知,如果

$$\left\{\frac{|R-E(R)|}{\sqrt{\mathrm{Var}(R)}} \geqslant c\right\}$$

为小概率事件,那么我们可以认为当 $\dfrac{R-E(R)}{\sqrt{\mathrm{Var}(R)}} \leqslant -c$ 或 $\dfrac{R-E(R)}{\sqrt{\mathrm{Var}(R)}} \geqslant c$ 时,数据不独立。

对于前述的 20 次投掷,由于 $m=8, n=12, R=10$,则计算得

$$\frac{R-E(R)}{\sqrt{\mathrm{Var}(R)}}=\frac{10-10.6}{\sqrt{4.345}}=-0.287\ 8。$$

若设 X 为标准正态分布,而 $P\{|X|\geqslant 0.287\ 8\}=0.773\ 5$,不是小概率,则我们认为上述 20 次投掷是随机的。

如果数据不是二元的,而可能是连续取值的,那么可按照如下步骤进行:

- 求 n 个数的中位数,记为 M。
- 记 $Y_i=I(X_i\geqslant M), i=1,2,\cdots,n$。
- 计算 $Y_1, Y_2, \cdots, Y_n$ 中的游程数。

▶▶ 五个研究方向

由萨尔斯伯格博士撰写的《女士品茶》一书,有一个副标题:统计怎样变革了 20 世纪的科学(*How Statistics Revolutionized Science in The Twentieth Century*)。如从 K.皮尔逊和费舍尔开始算起,现代统计在一百多年的发展中,取得十分丰富的研究成果,也解决了许多实际问题。可以说,统计对整个 20 世纪人类社会的快速发展起

到了推动作用。

在现代统计一百多年的发展历程中,产生了许多研究方向,并时刻与社会的热点问题紧密相连。但也正由于它是一门与时俱进的学科,故没有什么猜想,没有什么举世公认的难题,也没有如数学中希尔伯特"23个问题"那样的指路明灯;没有人获得过菲尔兹奖,也没有人获得过诺贝尔奖。尽管存在上述许多"没有",但统计学科仍在为社会发展、人类进步贡献着自己的力量,且随着数字化时代与人工智能时代的到来,统计的作用越发强劲,统计的用武之地越发广阔。本节试图通过对统计中五个研究方向的简单介绍,来说明它是一门深深扎根人类生活的学科。

➡➡试验设计

我们前述说过,试验设计(design of experiment,DOE)这一方向是由费舍尔于1935年提出的。实际上,我国周朝就已经知道设计的重要性,且在实际中加以应用了。

《周易》是一部中国古代哲学书籍,是建立在阴阳二元论基础上的对事物运行规律加以论证和描述的书籍。它以一套符号系统来描述状态的变易,表现了中国古典文化的哲学和宇宙观。它的中心思想是以阴、阳两种元素的对立统一去描述世间万物的变化。在八卦图(图20)中,如果我们以1和0分别表示阳爻和阴爻,那么八卦就

是如下的 8 个三维 0,1 向量：
$$(0,0,0),(0,0,1),(1,0,1),(0,1,1),$$
$$(1,0,0),(0,1,0),(1,1,0),(1,1,1)。$$

图 20　周易中的八卦图与正交表

如果我们把上述 8 个三维 0,1 向量看成 3 个 8 维 0,1 向量，且对其中任何 2 个作模 2 加法[①]形成另外 3 个；之后把这 3 个作模 2 加法形成第 7 个，就构成表 33，这就是费舍尔在试验设计中给出的 $L_8(2^7)$ 正交表（orthogonal array），也是部分析因设计（fractional factorial design）中的 2_{III}^{7-4} 设计。

---

① 模 2 加法是指：1+1=0,1+0=1,0+0=0。

表 33 $L_8(2^7)$ 正交表

行号	1	2	3	4	5	6	7
1	0	0	0	0	0	0	0
2	0	0	0	1	1	1	1
3	0	1	1	0	0	1	1
4	0	1	1	1	1	0	0
5	1	0	1	0	1	0	1
6	1	0	1	1	0	1	0
7	1	1	0	0	1	1	0
8	1	1	0	1	0	0	1

表33有什么用呢？下面看一个虚拟例子。一个汽车前大灯生产企业在产品研发过程中，想设计一定约束条件下最亮的车灯。现知道影响此类车灯亮度的因素包括：灯的长度（A）、灯的直径（B）、灯内气体（C）、灯丝种类（D）、玻璃材质（E）、玻璃厚度（F）等。那此企业如何组装，才能满足亮度最亮的要求呢？

如果6个因素均有2个取值，那么共有 $2^6=64$ 种组合。一种方法就是先按每个组合生产出一个车灯，之后检测其亮度，最后挑选出亮度最大的组合，并按此组合进行生产。但是，我们知道在生产过程中会有各种随机因素影响着亮度。于是，为了寻找一个稳定的组合，我们还可以再试生产几组，看最后的效果如何。这样算来，试验次数就是64的几倍了。那我们是否可以仅生产少数几种组合，而利用统计方法找出最亮的组合呢？答案是肯定的。我们可以这样进行：

假设我们以0,1表示每个因素的两个水平（level），

且在表 33 中的前第 1~6 列分别安排 6 个因素(在实际中,为了消除误差,列要随机分配,且如果因素间存在交互作用,那么要注意各列不是随意安排的)。于是,我们把各水平代入表 33,就形成了车灯试验方案表 34。之后,按照 8 个所示组合生产出 8 个车灯,经过亮度测试,把它记录到表 34 的最后一列。

表 34　车灯试验方案表

序号 i	A	B	C	D	E	F	y_i
1	A_1	B_1	C_1	D_1	E_1	F_1	60
2	A_1	B_1	C_1	D_2	E_2	F_2	50
3	A_1	B_2	C_2	D_1	E_1	F_2	65
4	A_1	B_2	C_2	D_2	E_2	F_1	70
5	A_2	B_1	C_2	D_1	E_2	F_1	75
6	A_2	B_1	C_2	D_2	E_1	F_2	65
7	A_2	B_2	C_1	D_1	E_2	F_2	70
8	A_2	B_2	C_1	D_2	E_1	F_1	80
m_1	245	250	260	270	270	285	
m_2	290	285	275	265	265	250	
R	45	35	15	5	5	35	

从 8 个车灯的亮度来看,最后组合的亮度最大,那是不是意味着我们就按照这个组合生产就能得到最亮的车灯?显然不是,因为这只是 8 种组合情况中的最亮者,不是全部 64 种组合中的最亮者。关于如何对表 34 中的数据进行统计分析,以找到最好的组合,费舍尔提出了方差分析方法。但它用到了过多的统计知识,故我们在这里略去不讲。

为了方便不懂统计的实际工作者应用正交设计,我

国著名统计学家张里千[①]教授等提出了"看一看、算一算"的简单方法。若以 m_0, m_1 分别表示每个因素在水平 0 与 1 下的观测结果之和,且记 $R=|m_0-m_1|$ 为极差,则极差最大者,就表示对试验结果影响最大,从而可以选出显著影响的因素。另外,对于每个因素,观测结果越大表示越好,若 $m_0 > m_1$,则认为水平 0 优于水平 1。

对于表 34 中的虚拟例子,从极差看,灯的长度(A)、灯的直径(B)、玻璃厚度(F)对亮度影响最大,其次是灯内气体(C),而另外两个因素影响则比较小。再从水平和来看,$A_2 > A_1, B_2 > B_1, F_1 > F_2$,故三个最有影响的因素的最优组合应用是 $A_2 B_2 F_1$,这与实际观测数据是吻合的。再看另外三个因素,我们可以得到最优组合为

$$A_2 B_2 C_2 D_1 E_1 F_1,$$

而这个组合并没有出现在 8 次试验中。为了确认,可以再按照这个最优组合进行验证性试验。

在历史上,有一个著名的 36 名军官排队问题。18 世纪欧洲的一位皇帝想在一次阅兵典礼上,让由来自 6 个军种各 6 个军衔的 36 名军官排成一个 6×6 阶方阵,使得此方阵的每行、每列、每个军种、每个军衔各有一名军官。多人冥思苦想,终不得解,于是求助于著名数学家欧拉(Euler,1707—1783),欧拉也无解。但当 n 为奇数或

[①]张里千(1929—2013),我国著名统计学家,为推动正交设计在我国的应用贡献颇多。他是倡议并组织成立中国现场统计研究会的几位学者之一,曾任中国现场统计研究会理事长。

4 的倍数时，欧拉给出了构造方法，表 35 就是一个这样的 5 阶方阵。它是两个正交拉丁方[1]的叠加，故称为正交拉丁方（orthogonal Latin square）或希腊拉丁方（Grace-Latin square）。于是欧拉猜想：当 $n=4k+2(k=0,1,2,\cdots)$ 时，这样的 $n\times n$ 阶方阵不存在。

表 35　5 阶正交拉丁方

4B	2C	5D	3E	1A
3C	1D	4E	2A	5B
2D	5E	3A	1B	4C
1E	4A	2B	5C	3D
5A	3B	1C	4D	2E

直至 20 世纪 50 年代，上述猜想才被三位数学家[2]证明：仅当 $n=2,6$ 时欧拉的上述猜想成立，其他情况下均不成立。

此例子告诉我们，在科学研究过程中，我们应尊重前人结论，但不能不加分析、不加思考地照单全收，而要具有打破砂锅问到底的精神。

试验设计方向在近一百年的发展过程中，研究成果非常丰富。从正交表的构造可以看出，它有两个方面的优良性质：一是因素间的正交性，这样就保证得到的结果

---

[1] 这里正交的含义是指：5 个阿拉伯数字与 5 个英文字母任一组合出现且仅出现一次。

[2] Bose, R. C., Parker, E. T., and Shrikhande, S. S., "Furtherresults on the constrction of Mutually orthogonal Latin squares and the falsity of Euler's conjecture," *Canadian Journal of Mathematics* 12(1960):189-203.

正确;二是有一套科学的数据分析方法。但其表的结构也表明,试验次数不能任意给定,且随试验因素的增多,试验次数(行数)增长非常快,以至于在好多实际问题中无法应用正交设计。比如在军需品的生产、检测过程中,对试验次数都有一定的限制。为此,1978年[1],我国著名数学家王元院士和著名统计学家方开泰教授,基于数论中的一致分布提出了均匀设计(uniform design)。均匀设计现已成为试验设计的一个研究方向,也取得了非常丰富的理论与应用成果,请有兴趣的读者参阅相关文献。

➡➡ 回归分析

回归分析是统计中历史最悠久、应用最广的一个研究方向,其英文表示为 regression analysis。回归分析的创始人是弗朗西斯·高尔顿(Francis Galton,1822—1911)[2]。在前文我们简单介绍过高尔顿,他曾资助 K.皮尔逊创办了 *Biometrika* 杂志及其生物统计实验室。

1859年,达尔文撰写的《物种起源》出版后,震动了整个学术界和宗教界,强烈地冲击了《圣经》的创世论,也引起了广大民众的关注,遗传学成为当时的研究热点。高

---

[1] 王元、方开泰:《均匀设计——数论方法在试验设计中的应用》,《概率统计通讯》(中国科学院数学所内部资料)1978年第1期。

[2] 弗朗西斯·高尔顿(Francis Galton,1822—1911),英国科学家和探险家。受其表哥查尔斯·罗伯特·达尔文(Charles Robert Darwin,1809—1882)的影响深爱遗传学研究,他发现了指纹,创造了优生学(Eugenics)一词,也是 Galton 板,即正态漏斗的发明人。

尔顿也深受此影响，对遗传学产生了浓厚的兴趣。他为了研究父代身高与子代身高间的关系，搜集了 1 078 对父代及其成年子代的身高数据。但考虑到性别对身高的影响，他对数据做了如下的预处理：

- 将成年女性子代的身高乘上 1.08，以匹配成年男性子代的身高。
- 将父亲与母亲的身高求平均，作为父代身高。

经预处理后，得到其散点图，且进行了数据分析，分析结果于 1886 年[①]发表。从散点图来看，总趋势是父代身高增加时，子代身高也倾向于增加。但是，高尔顿对数据做深入分析后，发现了一个很有趣的现象——回归效应：当父代身高高于平均身高时，其子代身高比他高的概率小于比他矮的概率；父代身高矮于平均身高时，其子代身高比他更矮的概率要小于比他更高的概率。这就是说，子代身高有向父代平均身高回归的趋势。

另外，他在分析子代身高与父代身高之间的关系时，发现父母身高与子女的身高近乎一条直线，并可依靠父母身高预测子女身高，且子女身高 y 与父母身高 x 的直线为（单位为英寸）

$$y = 33.73 + 0.516x。$$

[①]Galton, F., "Regression toward mediocrity in heredity stature," *The Journal of the Anthropological Institute of Great Britain and Ireland* 15 (1886):246-263. 散点图参见此文章，且图中数字表示取此值的数据对个数（图中的单位为英寸。1 英寸＝2.54 厘米）。

单位换算成米后的直线为
$$y = 0.856\ 7 + 0.516x,$$
我们称之为 y 与 x 间的回归直线。由此可知,当父母平均身高为 1.70 米,其成年子女的平均身高大概为 1.73 米。另外,每当父母平均身高增长 1 厘米,其成年子女平均身高增长 0.516 厘米。

上述回归直线是怎么得到的呢?为此,我们假设高尔顿得到的父代与子代身高数据为 $(x_i, y_i), i = 1, 2, \cdots, n$,且两个身高 x 与 y 之间满足回归关系
$$y_i = \alpha + \beta x_i, i = 1, 2, \cdots, n,$$
其中 α, β 被称为回归系数,α 是回归直线的截距,β 是回归直线的斜率。这个问题非常类似本书第一部分在讲述谷神星轨迹时提出的预测问题。在那里我们利用最小二乘方法得到了谷神星的轨迹估计。此时,我们仍可以利用最小二乘方法求解 α, β。此时的目的在于用回归直线逼近 n 组数据点,故我们要求 α, β 使
$$L(\alpha, \beta) = \sum_{i=1}^{n} (y_i - \alpha - \beta x_i)^2$$
达到最小。利用导数法,可以求得达到上述最小的 α, β 为
$$\hat{\alpha} = \overline{y} - \hat{\beta}\overline{x}, \hat{\beta} = \frac{\sum_{i=1}^{n}(x_i - \overline{x})(y_i - \overline{y})}{\sum_{i=1}^{n}(x_i - \overline{x})^2},$$

这就是 α,β 的最小二乘估计,其中 $\bar{x} = \sum_{i=1}^{n} x_i/n, \bar{y} = \sum_{i=1}^{n} y_i/n$。

为了考查上述回归的应用,我们再看何书元[①]给出的一个例子。现随机抽取某学校 27 名成年男性学生的身高与臂展数据,见表36。

表36　27名成年男性学生的身高与臂展数据　单位:厘米

身高 X	臂展 Y	身高 X	臂展 Y
176	169	164	160
171	162	180	168
165	164	170	180
178	170	172	170
169	172	172	170
172	170	174	177
176	181	187	175
168	161	178	173
173	174	181	183
171	164	180	178
180	182	182	180
191	188	173	176
179	182	173	175
162	153		

利用前述公式,我们可求得 α,β 的最小二乘估计分

[①] 何书元:《数理统计》,高等教育出版社,2012。

别为
$$\hat{\alpha} = 10.035, \hat{\beta} = 0.9298$$
此回归直线及散点图如图 21 所示。

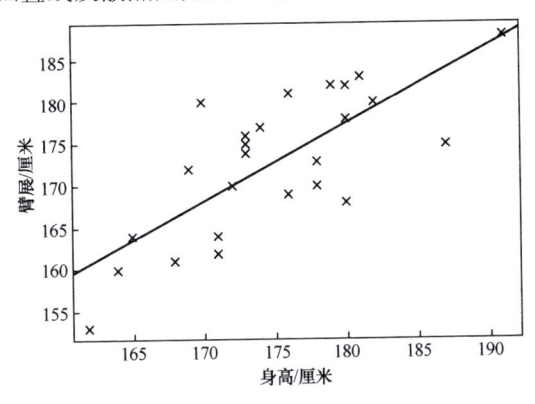

图 21 身高与臂展的散点图和回归直线

从此回归直线可以看出,身高与臂展正相关。但我们如何判断此回归直线对数据的拟合程度呢？我们建立回归直线的目的在于利用 x 预测 y（本例是利用身高预测臂展）,此时 n 个臂展数据的总波动为

$$\sum_{i=1}^{n}(y_i - \overline{y})^2。$$

为考查回归直线是否合适,就可以通过回归直线对上述波动的解释能力来实现。若记 $\hat{y}_i = \hat{\alpha} + \hat{\beta}x_i$,且注意到 $\hat{\alpha}$,$\hat{\beta}$ 的计算公式,则臂展数据的总波动有如下分解

$$\sum_{i=1}^{n}(y_i - \overline{y})^2 = \sum_{i=1}^{n}(\hat{y}_i - \overline{y})^2 + \sum_{i=1}^{n}(y_i - \hat{y}_i)^2,$$

其中右式第一项反映着回归直线的贡献,而第二项就是

回归直线解释后的误差。左边是固定的,故可以利用

$$R^2 = 1 - \frac{\sum_{i=1}^{n}(y_i - \hat{\alpha} - \hat{\beta}x_i)^2}{\sum_{i=1}^{n}(y_i - \overline{y})^2} = \frac{\sum_{i=1}^{n}(\hat{\alpha} + \hat{\beta}x_i - \overline{y})^2}{\sum_{i=1}^{n}(y_i - \overline{y})^2}$$

的大小来衡量回归直线的拟合程度。此值越接近1,说明拟合得越好。对于本例数据,$R^2 = 0.5679$,这说明我们计算出的回归直线对臂展数据波动的解释能力超过50%。

在高中,我们称直线

$$y = \alpha + \beta x$$

中的变量 x, y 分别为自变量(independent variable)与因变量(dependent variable)。然而,在统计学的回归分析中,变量 x 被称为协变量(covariate),变量 y 被称为响应变量(response variable)。为什么有如此区别?从英文的字面意思可以理解:高中数学的直线是有因果关系的,而在统计回归直线中的两个变量没有因果关系,只有相互协调与响应的关系。

这里仅考虑了有一个协变量 x 的情形,若有 p 个,则此时的回归直线

$$y_i = \alpha_0 + \alpha_1 x_{i1} + \cdots + \alpha_p x_{ip}, i = 1, 2, \cdots, n,$$

就被称为 p 元回归直线。同样可以利用最小二乘方法,得到 α_i 的估计。

截至目前,统计中关于回归分析的研究成果非常丰富,包括线性回归、非线性回归、非参数回归、变系数回归

等，请有兴趣的读者参阅相关文献。

➡➡极值统计

据 2022 年 1 月国务院灾害调查组发布的《河南郑州"7·20"特大暴雨灾害调查报告》：2021 年 7 月 17 日至 23 日，河南省遭遇历史罕见特大暴雨，发生严峻洪涝灾害，全省因灾死亡失踪 398 人；过程累计面雨量鹤壁最大 589 毫米、郑州次之 534 毫米、新乡第三 512 毫米；过程点雨量鹤壁科创中心气象站最大 1 122.6 毫米；最强降雨时段为 19 日下午至 21 日凌晨，20 日郑州国家气象站出现最大日降雨量 624.1 毫米，接近郑州平均年降雨量（640.8 毫米），为建站以来最大值（189.4 毫米，1978 年 7 月 2 日）的 3.3 倍。

徐卫红等在其文章[①]中写道，郑州"7·20"特大暴雨期间，城区河段防洪标准达到了五十年一遇至百年一遇。

在各方媒体的报道中，我们都会看到"此次降雨量最大值""百年一遇""五十年一遇""二十年一遇"等文字。从这些用词可以看出，此次降雨的确可称为特大暴雨，且造成了严重洪灾，给人民生活生产带来了极大的危害。事后，我们自然要问：什么是百年一遇？难道是一百年才出现一次就叫百年一遇吗？最大降雨量达到多大时才会形成灾害？这些特大灾害，有什么规律吗？可以预警吗？

[①] 徐卫红、刘昌军、吕娟、柴福鑫、曲伟：《郑州主城区 2021 年"7·20"特大暴雨洪涝特征及应对策略》，《中国防汛抗旱》2022 年第 5 期。

等等。我国每年的减灾防灾任务不只有降雨,还有降雪、台风、地震、极寒等许多自然灾害。针对这些灾害,大家都想将其风险控制在一定范围内。极值统计就是控制这些风险的一个非常有用的工具。

在讲述极值统计之前,我们先看什么是"百年一遇"。从专业角度来看,所谓百年一遇并不指百年内只发生一次的意思,而是指一年内发生的概率为百分之一。如果以 X 表示一年中的最大降雨量,且知道其分布,则"百年一遇"的降雨量是指满足概率方程

$$P\{X \geqslant c\} = \frac{1}{100}$$

中的 c。由概率论知识可知,一百年内"百年一遇"至少发生一次的概率为

$$1 - \left(1 - \frac{1}{100}\right)^{100} = 0.634\ 0,$$

十年内"百年一遇"至少发生一次的概率为

$$1 - \left(1 - \frac{1}{100}\right)^{10} = 0.095\ 6。$$

当然,在计算上述概率时,我们要求知道最大降雨量 X 的分布,那么这个分布又是什么呢?为此,我们先从一个故事入手。

1923 年,英国人伦纳德·亨利·蒂皮特(Leonard Henry Tippett,1902—1985)从帝国理工大学物理系毕业后,到英国棉纺织工业研究会(Shirley Institute,俗称锡莱研究所)担任统计分析师。当时锡莱研究所正在研

究改善棉线和布料的制造问题,其中一个令人头痛的问题就是如何控制新纺棉线的强度。研究人员在实际生产中发现:对于不同棉线,拉断一股棉线所需的力量差异很大。于是,蒂皮特将棉线放在显微镜下,发现棉线的断裂取决于其中最弱一根纤维的强度。蒂皮特想:若能为最弱一根纤维的强度建立一个模型,则控制棉线的强度就容易了。为解决此问题,他请了一年假期,1924 年到伦敦大学学院的生物统计实验室跟随 K.皮尔逊学习。学习之后,他发现了一个能联系极值分布与数据分布的很简单的方程。然而,他无法求解,但猜出了一个答案。后来他求助费舍尔,费舍尔推导出了蒂皮特的解,还给出了此方程的另外两个解[1]。这三个答案就是统计中的三类极值分布,由此开创了极值统计。

为引入上述极值分布,我们假设 n 个观测数据为 $X_1, X_2, \cdots, X_n$,且把它们由小到大排序如下

$$X_{(1)} \leqslant X_{(2)} \leqslant \cdots \leqslant X_{(n)},$$

称 $X_{(1)}, X_{(n)}$ 为极值统计量。如记 $X_{(n)}$ 的分布为 $G(x)$,则费舍尔与蒂皮特给出的三个类型为

$$G_1(x) = \exp\{-e^{-x}\}, x \in \mathbf{R}$$

$$G_2(x) = \exp\{-x^{-a}\} I(x > 0), (a > 0)$$

---

[1] Fisher, R. A., and Tippett, L. H., "Limiting forms of the frequency distribution of the largest or smallest member of a sample," *Proceedings of the Cambridge Philosophical Society* 24(1928):180-190.

$$G_3(x)=\begin{cases}\exp\{-(-x)^a\}, & x<0, a>0\\ 1, & x\geqslant 0,\end{cases}$$

分别称为Ⅰ,Ⅱ,Ⅲ型极值分布。注意,由于这是对极大统计量经过线性变换后的分布,上述三个极值分布中没有未知参数,而实际中是有未知参数的。

1958年,美国哥伦比亚大学工程学教授埃米尔·J.耿贝尔(Emil J. Gumbel,1891—1966)出版了《极值统计》一书[1],标志着统计中的极值统计方向的形成。

➡➡ **抽样调查**

前文我们说过,中国在周朝就设有统计官员负责"以知田野、夫家、六畜之数";在《管子·问》中也有:"死事之孤其未有田宅者有乎?";等等。要回答这些问题,都离不开调查。

历史上最早的人口抽样调查是法国于1802年进行的:1800年左右,法国数学家、天文学家、概率学家拉普拉斯(Laplace,1749—1827)受政府委托,估计全国人口,他提出了如下的抽样方法:

- 调查时间节点为1802年9月22日。
- 抽选30个社区,在抽中的社区中又抽了一些小区。
- 利用抽样人口总数与出生人口数之间的比率推断

---

[1] Gumbel, E. L., *Statistics of Extremes* (Columbia University Press, 1958).

全国总人口。

截至1802年9月23日,在30个被抽中的社区中共有2 037 615名居民,且在此之前的三年内,这30个社区内共有215 599名新生儿出生。拉普拉斯认为,全国年度新生儿比率是稳定的。于是,他提出了抽样调查的比率估计:

• 被抽中30个区,每年新生儿出生人数为215 599÷3 = 71 866.33。

• 被抽中30个区,每年每2 037 615÷71 866.33 = 28.35人里有一个新生儿出生。

• 若知道全国每年新生儿总数,则此数乘28.35就是全国总人口数。

随着社会的快速发展,国家制定的政策越来越精细,在制定政策之前,要对国家的方方面面有透彻的了解与掌握。为此,许多国家会经常进行一些抽样调查。2010年,国务院颁布的《全国人口普查条例》规定:人口普查每10年进行一次,尾数逢0的年份为普查年度;在两次人口普查之间进行全国1%人口抽样调查。国家除了人口抽样调查外,还有规模以下工业抽样调查等。

那么,什么是抽样调查?按照国家统计局统计知识库中关于抽样调查的定义,抽样调查是从由全部调查对象构成的抽样总体中,随机抽取一部分调查对象作为个体样本进行调查,由个体样本的调查观测结果,对总体所关心的指标或特征做出统计推断。从这个定义可以看

出,抽样调查主要包括两个层次的含义:一、从全部调查对象中随机抽取一部分调查对象;二、通过部分调查结果,推断全部。在实施抽样调查过程中,主要有两个方面的内容需要确定:一是抽样方案,包括抽取多少样本,如何分配样本量,如何抽取;二是估计,包括由抽取得到的样本推断全部时,如何保证估计精度。这就是统计中的抽样调查研究方向的研究内容。

下面是国家统计局于 2016 年 4 月 20 日公布的"2015 年全国 1% 人口抽样调查主要数据公报"中的一部分内容:这次调查以全国为总体,以各地级市(地区、盟、州)为子总体,采取分层、二阶段、概率比例、整群抽样方法,最终样本量为 2 131 万人,占全国总人口的 1.55%。从上述内容可以看出,我国 2015 年在实施 1% 人口抽样调查时,大概方案是这样的:

- 把我国分层:全国、地级市、村级单位、调查小区。
- 二阶段抽样:第一阶段抽取村级单位,第二阶段抽取调查小区。

在分层阶段,小区网格的划分原则为:抽样调查小区规模划分原则为 80 个住房单元,常住人口大约 250 人。在抽查阶段,首先确定各层的样本数,其次在地级市层及村级单位层按照概率比例抽样,最后在抽中小区内整群抽样。

在整个过程中,涉及了多种抽样方案:简单随机抽样、整群抽样、多阶段抽样、概率比例抽样等。在研究这些抽样方法时,一个最主要的内容就是其样本量如何确定。此时,要考虑到抽样费用以及估计精度。下面以简单随机抽样为例,且不考虑抽样费用,看如何根据精度确定样本量。

假设我们想从正态总体 $N(\mu,\sigma^2)$ 中随机抽取 n 个样本,估计总体均值 μ,且给定允许的抽样误差为 E。从前述内容可知,样本均值 $\overline{X}$ 是 μ 的一个很好的估计。现在的问题是:抽多少样本能满足事先给定的允许误差 E?

由概率统计知识可知,均值 μ 落入区间

$$\left(\overline{X}-1.96\frac{\sigma}{\sqrt{n}},\overline{X}+1.96\frac{\sigma}{\sqrt{n}}\right)$$

的概率为 0.95,而此区间以 $\overline{X}$ 为中心,左右对称,于是,我们可用

$$1.96\frac{\sigma}{\sqrt{n}}$$

来衡量此估计的误差。由此可知,要保证误差为给定的 E,则抽取的样本量为

$$n=\frac{1.96^2\sigma^2}{E^2}。$$

对于其他抽样方法,如何利用允许误差确定抽样样本容量,有兴趣的读者请参阅相关参考文献,如孙山泽[①]的《抽样调查》等。

在传统的抽样调查中,经常会遇到一些问题,如无响

[①] 孙山泽:《抽样调查》,北京大学出版社,2007。

应、迎合调查员倾向等。另外,对于一些敏感问题,如何进行问卷调查也是非常值得研究的。下面看几个例子。

在第二次世界大战期间,美国国家民意调查中心曾派出两组调查员向南方某城市的 500 名黑人提三个问题,第一组调查员全是白人,第二组调查员全是黑人:

问题 1:倘若日本征服了美国,他们对黑人会更好些吗?

问题 2:倘若日本征服了美国,他们对黑人会更坏些吗?

问题 3:美国最重要的是击败德意日轴心国,还是改进国内民主制度?

对调查问卷汇总后,发现:

对于问题 1:第一组 2% 的人回答更好,第二组 9% 的人回答更好。

对于问题 2:第一组 45% 的人回答更坏,第二组 25% 的人回答更坏。

对于问题 3:认为击败德意日轴心国最重要的比例,第一组 62%,第二组 39%。

从上述结果可以看出,在较敏感问卷调查中,被调查人的答案有迎合调查员的倾向,这就是抽样调查中的布拉德利效应(Bradley effect)。

➡️➡️**在线监控**

随着计算机及网络的快速发展,各类传感器得到了大量使用，产生了大量的数据流的监控问题。数据是依时间或位置依次观测到的，而此时我们感兴趣的问题是：利用这些依数据变化的数据判断某结论是否成立。若结论为真，则继续监控；否则诊断此命题不真的原因。比如某保险公司对保险赔付的实时监控，国家中医药管理局对食品、药品的安全性的实时监控，中国疾病预防控制中心对传染病、流行病的实时监控，中国民用航空局对飞行安全的实时监控，以及国家相关部门对社会舆论情况的实时监控、对经济运行状况的实时监控等。若在某时刻发现运行机制或疾病发生率等有明显的变化，则需要寻找原因、对症下药，以减少国家、社会、家庭及个人的损失。

此类监控问题最早产生于20世纪20年代，是关于生产线上产品质量的监控问题。比如，在一个产品的生产线上，我们关心的问题是：此生产线生产的产品质量是否合格？为此，质检员会过一段时间抽取一批产品进行检验，若历史数据没有证据说明产品质量有问题，则生产线继续生产，否则停止生产线的生产，并寻找原因。

上述问题有两个特点：数据依次产生或采集，根据过去数据对某命题进行及时判断。我们称这样的问题为在线监控（online monitoring）或实时监控（realtime monitoring）。

针对生产线的产品质量监控问题，沃特·阿曼德·

休哈特（Walter Andrew Shewhart，1891—1967）[1]博士于 1925 年，在《美国统计学会会刊》[2]上提出了利用控制图（control chart）来控制生产线上产品质量的思想，从此开创了统计质量控制（statistical quality control）。

休哈特博士认为：产品质量不是检验出来的，而是生产出来的，控制产品质量的重点应放在制造阶段，从而将质量管理从事后把关提前到事前控制。为此，他提出了用来控制生产线上产品质量的控制图，并于 1939 年，出版了一本非常著名的关于质量控制的书[3]。

在 Montgomery D. C. 于 2020 年出版的著作《统计质量控制引论》[4]一书中，指出质量控制常用的 7 个工具分别是：检查表（check sheet）、控制图（control chart）、流程图（flow chart）、帕累托图（pareto chart）、直方图（Histogram）、原因与效果图（也称"鱼骨图"）（cause-and-effect/fishbone）、散点图（scatter diagram）。

在上述 7 个工具中，控制图用来监控生产线是否正

---

[1] 沃特·阿曼德·休哈特（Walter Andrew Shewhart，1891—1967），美国物理学家、工程师、统计学家，统计质量控制之父。在美国伊利诺伊州 Illinois 大学读本科与硕士，于 1917 年在加州大学伯克利分校获物理学博士学位。1918—1924 年，任美国西方电气公司（Western Electric）工程师，1925—1956 年，任贝尔实验室研究员。

[2] Shewhart, W. A.,"The application of statistics as an aid in maintaining quality of a manufactured product," *Journal of the American Statistical Association* 20(1925):546-548.

[3] Shewhart, W. A., *Statistical Method from the Viewpoint of Quality Control* (Washington: The Graduate School, Department of Agriculture).

[4] Montgomery, D. C., *Introduction to Statistical Quality Control*. 9th edition(John Wiley & Sons, 2020).

常,而其他六种方法则用来检测问题出在什么地方。由于本小节的重点是在线监控,故我们仅简单介绍什么是控制图。

统计过程控制图可分三大类型:休哈特控制图、指数加权移动平均(exponentially weighted moving average, EWMA)控制图、累积和(cumulative sum, CUSUM)控制图。

我们知道,当产品质量指标服从正态分布 $N(\mu,\sigma^2)$ 时,其远离均值 3 倍 σ 时的概率为 0.27%(图 22)。

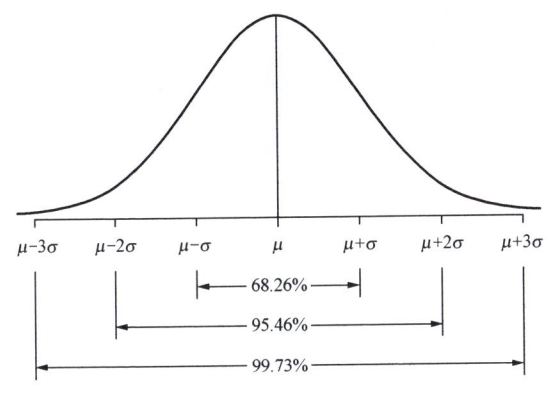

图 22 正态分布

于是,1925 年,休哈特博士基于统计中的 3σ 原则提出了休哈特均值控制图(图 23)。假设在生产线上定时抽取一个检测样本,检测之后,把数据画在如图 23 所示的图上(图中的点表示数据点),并把它们用线连起来。在某一时刻,如发现数据点落到了两条直线 $\mu \pm 3\sigma$ 之外

[分别称为控制上限与控制下限（upper and lower control limit）]，若产品质量没有发生问题，则说明发生了一个极小概率的事件。但在实际中，小概率事件的发生都是有原因的，故休哈特认为，此时的生产线上的产品质量出现了问题，生产线应该停下来，寻找原因。为此，他提出了如图23所示的休哈特均值控制图。

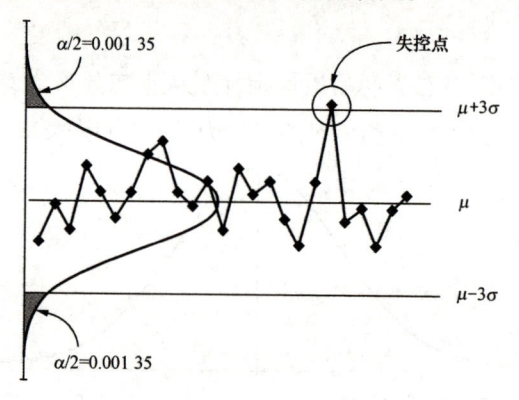

图 23　休哈特均值控制图

• 假设某生产线上产品的质量指标 X 服从正态分布 $N(\mu,\sigma_0^2)$，且生产的目标值为 μ_0 已知，σ_0^2 已知；

• 确定三条控制线（L 为给定的值）：

$$LCL = \mu_0 - L\frac{\sigma_0}{\sqrt{n}}, CL = \mu_0, UCL = \mu_0 + L\frac{\sigma_0}{\sqrt{n}}。$$

• 假设 t 时刻抽取的 n 个质量指标值为 $X_{t1}, X_{t2}, \cdots, X_{tn}$，计算其平均值 $\overline{X}_t$，并把它画在具有上述控制线的控制图上；

- 若 $\overline{X}_t$ 落在两条控制线内,则说明产品质量可控,否则报警(signal),认为生产线工作不正常。

在统计过程控制中,也称上述的 L 为控制线。显然,它的大小决定着检验的好坏。如果它太大,生产线会产生大量的次品,达不到监控的目的;如果它过小,那么会误判正常的生产线,从而导致生产经常停止。从假设检验的两类错误概率来看,控制线 L 的大小与小概率的阈值有关。但是,让在生产第一线实际操作而不懂统计的生产者明白这一点是有难度的。于是,休哈特博士提出了平均运行长度(average run length,ARL)。

在进行实时监控时,从开始直至报警发生时的监控长度被称为一个运行长度(run length,RL),称其平均值或期望为平均运行长度,即

$$RL = \min\{t : \overline{X}_t \leqslant LCL \text{ 或 } \overline{X}_t \geqslant UCL, t = 1, 2, \cdots, \},$$
$$ARL = E(RL)。$$

显然,我们希望在产品质量可控时,其 ARL 越大越好;而失控时,ARL 越小越好。但鱼与熊掌不可兼得,我们无法同时做到上述两点。于是,我们要求控制线 L 满足事先给定一个可控状况下的 ARL 即可。如假设产品质量指标服从正态分布,取可控的 $ARL_0 = 370.4$,则 $L = 3$,即图 23 中的 3σ 控制线。

当 σ 未知时,可以利用样本估计它,再画控制图进行监控。对于 n 个历史数据 $x_1, x_2, \cdots, x_n$,则可用样本标准差

$$S_n = \left[\frac{1}{n-1}\sum_{i=1}^{n}(x_i - \overline{x})^2\right]^{1/2}$$

估计 σ。但为了取得更好的估计效果,我们用 S_n/c_4 来估计 σ,其中 $c_4 = \sqrt{\dfrac{2}{n-1}}\dfrac{\Gamma(n/2)}{\Gamma[(n-1)/2]}$。此时的三条控制线即

$$LCL = \mu_0 - L\frac{S_n}{c_4\sqrt{n}}, \quad CL = \mu_0, \quad UCL = \mu_0 + L\frac{S_n}{c_4\sqrt{n}}.$$

基于休哈特均值控制图仅利用了当前样本信息,而忽略历史样本的作用,故 Page 教授于 1954 年[1]提出了累积和(cumulative sum,CUSUM)控制图。

仍假设时刻 t 抽取 n 样本进行检验,$\overline{X}_t$ 为其样本均值,且假设质量指标服从正态分布。以 μ_0,σ_0^2 记产品质量可控时的均值与方差(μ_0 也是要控制的目标值)。则 CUSUM 控制图所用的监控统计量为

$$S_t^+ = \max\left\{0, S_{t-1}^+ + \frac{\overline{X}_t - \mu_0}{\sigma_0/\sqrt{n}} - k\right\}, S_0^+ = 0,$$

$$S_t^- = \min\left\{0, S_{t-1}^- + \frac{\overline{X}_t - \mu_0}{\sigma_0/\sqrt{n}} + k\right\}, S_0^- = 0.$$

其中 k 称为参考值(reference value),它是事先给定的。

对于给定的控制线 h[在统计过程控制中,h 被称为决策区间(decision interval)],当

---

[1] Page E. S., "Continuous inspection schemes," *Biometrika* 41(1954): 100-114.

$$S_t^+ > h \text{ 或 } S_t^- < -h$$

时,控制图报警。

从上述定义可以看出,CUSUM 控制图包括两个监控统计量,其 S_t^+,S_t^- 分别用来检测向上漂移和向下漂移。如果我们仅想检测单向漂移,那么可以仅用其中一个监控统计量,此时我们称之为单边 CUSUM。对于正态分布的质量指标,如果我们想检测向上漂移,且漂移大小为 $\mu_1 = \mu_0 + \delta \dfrac{\sigma_0}{\sqrt{n}}$,那么理论证明 $k = \delta/2$ 最优。

当用双边 CUSUM 监控正态分布的均值时,其对于不同的 k,为保证其 $ARL_0 = 370.4$,其 h 值见表 37。

表 37 监控正态均值时的 k 与 h

k	h	k	h
0.25	8.01	1.00	2.52
0.50	4.77	1.25	1.99
0.75	3.34	1.50	1.61

我们注意到,在线监控中不同时刻数据的重要性应该不相等。每个数据的影响程度应与其距离当前监控时间的远近程度成反比,即越近的作用越大,越远的作用越小。于是,Robert 教授于 1959 年[1]提出指数加权移动平均(exponentially weighted moving average, EWMA)控制图。

---

[1] Robet, S. W., "Control chart test based on geometric moving average," *Technometrics* 1, no.3(1959): 239-250.

为了书写简单,假设每次抽样仅有一个样本,记时刻 t 的观测数据为 X_t,则截止时刻 t 的指数加权移动平均定义为

$$Y_t = (1-\lambda)Y_{t-1} + \lambda X_t, Y_0 = \mu_0,$$

其中 $\lambda \in (0,1]$ 为给定常数。显然,$\lambda = 1$ 时,上述 $Y_t = X_t$。

逐步迭代后,有

$$Y_t = \lambda \sum_{j=0}^{t-1}(1-\lambda)^j X_{t-j} + (1-\lambda)^t Y_0,$$

可见离 t 时刻 j 步距离的数据的权重为 $\lambda(1-\lambda)^j$,且上式右侧所有权重之和为 1。

如果 X_t 独立同分布,且 $\text{Var}(X_1) = \sigma^2$,那么可由上述迭代公式求得

$$\text{Var}(Y_t) = \sigma^2 \frac{\lambda[1-(1-\lambda)^{2t}]}{2-\lambda}。$$

于是,EWMA 控制图的控制线为

$$LCL = \mu_0 - L\sigma\sqrt{\frac{\lambda}{2-\lambda}[1-(1-\lambda)^{2t}]},$$

$$CL = \mu_0,$$

$$UCL = \mu_0 + L\sigma\sqrt{\frac{\lambda}{2-\lambda}[1-(1-\lambda)^{2t}]}。$$

我们注意到:当 $t \to \infty$ 时,$(1-\lambda)^{2t} \to 0$,于是,有文献给出的 EWMA 控制图的控制线为

$$LCL = \mu_0 - L\sigma\sqrt{\frac{\lambda}{2-\lambda}},$$

$$CL = \mu_0,$$

$$UCL = \mu_0 + L\sigma\sqrt{\frac{\lambda}{2-\lambda}}。$$

从上述定义可以看出，EWMA 控制图依赖于参数 λ 及控制线 L。选择 λ 的一个总原则：要检测小漂移，就取较小的 λ。一般来讲，λ 介于 $[0.05,0.25]$ 时表现比较好，故在实际中，我们多取 $\lambda=0.05,0.1,0.2$。另外，一般情况下，$L=3$ 是一个很好的选择。当选取的 λ 较大时，在区间 $[2.6,2.8]$ 内取控制线 L 也是一个不错的选择。

我国统计发展概况

> 学者不能离开统计而研究,政治家不能离开统计而施政,事业家不能离开统计而执业。
>
> ——马寅初

第一部分已经说过我国古代就有利用统计处理国事的记载。本部分仅简单叙述我国现代统计的发展概况,包括五位统计先驱、涉及统计的二级重点学科、一级学科评估、一流学科、一流本科专业,以及三个组织和一级学会介绍等。

▶▶ 五位统计先驱

关于五位先驱的选择,仅是笔者在有限的知识范围内,认为在中国统计界产生重要影响的代表,且以此纪念为中国统计学科发展辛勤耕耘过的诸位前辈。

➡➡ 吴定良先生

吴定良(Woo T. L., 1893—1969)(图 24),1916 年考

入南京高等师范学堂教育心理系，1924年毕业后留校当助教；1926年8月，赴哥伦比亚大学，在心理系读统计，次年转学到伦敦大学学院读统计，师从K.皮尔逊；1928年，获统计学博士学位，之后又获人类学博士学位。1930年，经英国统计学家G.U.耶尔（G. U. Yule）教授介绍，被推选为国际统计学社（International Statistical Institute，ISI）会员。1935年，应邀回国任北京大学统计学教授。后受"中央研究院"院长蔡元培邀请，筹建"中央研究院"历史语言研究所人类学组。1945年，受浙江大学校长竺可桢邀请，任浙江大学史地系教授，后任人类学系主任；1948年，当选"中央研究院"生物组院士；1952年，院系调整，调入复旦大学生物系。

图24　吴定良

国内统计史学者研究显示,吴定良院士是国际统计学会历史上第一位中国会员。作为我国第一代统计学家,吴定良不仅在相关分析和人体测量方面作出了有重大国际影响的工作,而且他将统计方法应用于人类学、考古学、法医学等多个领域,实际解决了一系列重大问题,在国内外产生了深远的影响。请有兴趣的读者参阅袁卫、李杨的文章[①]。

➡➡何廉先生

何廉(Franklin Lieu Ho,1895—1975)(图 25),1926年于耶鲁(Yale)大学获博士学位后回国,任南开大学商

图 25 何廉

[①]袁卫、李扬:《我国首位有重大国际影响的统计学家:吴定良》,《兰州财经大学学报》2019 年第 5 期。

科财政系和统计学教授；1927年，以"研究社会经济以促进本国学术进步"为宗旨，成立南开大学社会经济研究委员会，后改名为南开大学经济研究所；1931年任南开大学经济学院院长；1932年创办我国第一本统计杂志《经济统计季刊》；1948年，任南开大学代理校长；1949年1月起，任美国哥伦比亚大学经济系教授。1958年，统计等部分学科整建制从南开转出，组建了河北财经学院（现天津财经大学）。

回国伊始，何廉先生就对国内多所名校进行考察，在此基础上确立了教学和研究必须中国化的指导思想。他在南开大学的第一项研究工作就是运用师从美国著名经济统计学家欧文·费舍尔教授时学习到的最新统计方法，带领并组织研究人员研究中国物价统计，编制并公开发表各类物价和生活指数，即"南开指数"。何廉先生被誉为"在国内最早引入市场指数之调查者"和"我国最早重视农业的经济学家"。包括《剑桥中国史》等很多国外学术著作都曾援引南开指数和何廉等学者的调查报告作为权威资料，探讨近代中国的经济状况。著名经济思想史学家胡寄窗先生在他的名著《中国近代经济思想史大纲》一书中就曾评论："提到统计，人们总会联想到南开大学所编制的物价指数……非官方机构所刊行的统计期刊，只有南开大学一种并断续维持到新中国成立前夕，常为学术界所引用。"请有兴趣的读者参阅何廉、关永强著作[1]。

---

[1] 何廉，关永强：《何廉文集（上、下册）》，南开大学出版社，2020。

➡➡许宝騄先生

许宝騄(Pao-Lu Hsu,1910—1970)(图 26),1928 年考入燕京大学化学系,1929 年转入清华大学数学系;1936 年,通过庚子赔款赴英留学生考试,公费赴英留学,进入伦敦大学学院的生物统计实验室和统计系学习数理统计,同时也在剑桥大学学习;1938 年获哲学博士学位,1940 年获科学博士学位,同年回国任北京大学数学系教授,在昆明西南联合大学任教;1945—1947 年访问加州大学伯克利分校、哥伦比亚大学和北卡罗来纳大学;1948 年当选"中央研究院"数学组院士(同年的数学组院士还有姜立夫、陈省身、华罗庚、苏步青等四位先生)。

图 26 许宝騄

20 世纪 50 年代初,许宝騄先生开始招收概率论、数理统计方向的研究生。1956 年,在北京大学成立全国第一个概率统计教研室,并任主任。通过概率论专门化班,给来自国内某些院校的四十余人讲授概率论与数理统计。在西南联合大学期间,以及访问美国期间,他培养了包括钟开莱、王寿仁、T.W.安德森(T. W. Anderson)、E.L.L.莱曼(E. L. L. Lehmann)等一批杰出的概率统计人才。

1997年,美国出版的《十七世纪以来的统计学领军人物》(Leading Personalities in Statistical Science from the Seventeenth Century to the Present)一书(N. L. Johnson 和 S. Kotz 编辑)收录了包括牛顿、高斯、拉普拉斯、费舍尔、奈曼、柯尔莫戈洛夫等114位重要人物的简短传记,其中唯一入选的中国学者就是许宝騄先生。美国斯坦福大学统计系走廊里悬挂着许宝騄先生的画像。关于许宝騄先生的学术成就,请参阅陈家鼎、郑忠国[1]、Anderson,T. W.,Lehmann、E. L.,Chung,K.L.[2]以及任瑞芳、徐传胜[3],袁卫[4]撰写的文章。

---

[1]陈家鼎、郑忠国:《许宝騄先生的学术成就——谨以此文纪念许宝騄先生诞辰100周年》,《数学进展》2010年第6期。
[2]Anderson,W. W.,Chung,K. L.,and Lehmann,E. L.,"Pao-Lu Hsu 1909—1970," *Annals of Statistics* 7(1979):467-470; Lahmann, E. L., "Hsu's work on inference," *Annals of Statistics* 7(1979):471-473; Anderson,T. W.," Hsu's work in multivariate analysis," *Annals of Statistics* 7(1979):474-478; Chung,K. L."Hsu's work in probabiltiy," *Annals of Statistics* 7(1979):479-483.
[3]任瑞芳、徐传胜:《许宝騄——中国概率论与数理统计的先驱》,《科学》2007年第5期。
[4]袁卫:《西南联大时期的许宝騄与戴世光》,《统计研究》2019年第5期。

➡➡**魏宗舒先生**

魏宗舒(1912—1996)(图 27),1927 年保送上海圣约翰大学土木工程系,毕业后留校任教;1937 年到美国宾夕法尼亚大学数学系读研究生,第二年获数学硕士学位;1938 年到爱荷华大学读统计学博士,兼修保险精算;1941 年获博士学位后回国,任上海圣约翰大学副教授、教授,兼任上海太平保险公司统计科科长;1942 年任上海圣约翰大学数学系主任等。1952 年院系调整后,调入华东师范大学数学系,1984 年华东师范大学成立数理统计系后,任数理统计系教授。

图 27　魏宗舒

魏宗舒先生曾任中国现场统计研究会第一届理事长,中国概率统计学会第一届副理事长,中国质量管理协会第四、五届副理事长。先生倡议创办了《应用概率统计》杂志;在华东师范大学创办了数理统计系,即现在的统计学院;积极推动我国招收数理统计方向的本科生,并于1983年经教育部批准,与南开大学、复旦大学一起培养国内首批数理统计专业本科生。

魏宗舒先生早年从事抽样检验、拟合分布曲线和保险统计等研究工作,后转入统计的应用、统计质量管理和统计史的研究工作。先生有一句名言:"如果能亲临实际做一、二次数据分析,那对数理统计的领会就会更深了。"关于魏宗舒先生的成就,请有兴趣的读者参阅茆诗松教授的文章[①]。

➡️➡️**陈希孺先生**

陈希孺(1934—2005)(图28),1952年考入湖南大学数学系,一年后因院系调整转到武汉大学数学系;1956年毕业后被分配到中国科学院数学所工作,1960年由数学所调到中国科学技术大学数学系任教;1986年调至中国科学技术大学研究生院(北京)工作。1980年晋升为教授,1981年被批准列入首批博士生导师。在我国18位首批博士中,3位概率统计专业的博士(白志东、苏淳、赵林城)都是陈希孺院士指导的。1997年当选为中国科学院院士。

陈希孺先生曾任中国现场统计研究会理事长、中国

---

①茆诗松:《我国数理统计学的一位奠基者——记魏宗舒教授》,《高等数学研究》2017年第4期。

图 28　陈希孺

统计学会副会长、《应用概率统计》主编等职；曾获中国科学院自然科学奖一等奖、国家自然科学奖三等奖等。关于陈希孺先生的学术成就，请有兴趣的读者参阅赵林城、白志东[1]，及马士龙[2]的回忆陈希孺先生的文章。

▶▶发展历程

中国人民大学袁卫教授把我国现代统计学的发展历史分为三个阶段。第一阶段，20 世纪初至中华人民共和国成立之初，是我国统计学科建立的阶段。这一阶段的

---

[1] 赵林城，白志东：《先生之风，山高水长——纪念陈希孺院士逝世一周年》，《应用概率统计》2006 年第 3 期。
[2] 马士龙：《数理统计学家　中国科学院院士——陈希孺》，《北京统计》2000 年第 2 期。

特点是学习借鉴欧美统计理论与方法。第二阶段,中华人民共和国成立之初到改革开放之初,我国统计学科深受苏联的影响,这一阶段的特点是将统计一分为二,认为数理统计属于数学,社会经济统计是有阶级性的社会科学。第三阶段,改革开放之初至今,是我国统计学从酝酿"大统计"到统计学一级学科的建设发展时间。

根据《南开大学经济学院院史》记载,何廉博士于1926年自美国耶鲁大学取得博士学位后,到南开大学任职,讲授统计及财政课程,并由此创办了南开大学经济学科,且于1931年率先在经济学院成立了统计系。另据袁卫教授查证,重庆大学于1937年成立了会计统计系,复旦大学于1938年成立了统计系。在20世纪三四十年代,还有多位在国外取得博士或硕士学位的先生回国教授统计课程或成立统计系,包括:朱君毅教授(1892—1963)、金国宝教授(1894—1963)、薛仲三教授(1907—1988)、戴世光教授(1908—1999)、邹依仁教授(1908—1993)等。至1949年中华人民共和国成立时,设有统计学系或统计专修科的院校共有18所,占全国院校的近10%。

中华人民共和国成立初期,由于我国全面学习苏联模式,故曾批判数理统计是资产阶级统计学,是搞数学形式主义,导致在改革开放前的一段时间,我国没有数理统计本科教育,数理统计方向的研究生也非常少。特别值得一提的是,1956年国家颁布了第一个科学发展规划,其

中把概率统计与微分方程、计算数学一起列为重点发展领域。许宝騄先生为响应国家规划,在北京大学设立了国内第一个概率统计教研室,并从全国多所高校调集了40余人到北大燕园,开展概率统计培训,之后北京大学又连续开设八届概率统计的专门化班。

改革开放后,我国高等教育逐步走上正轨,于1981年开始实施学位制度,批准设立首批博士学位点。此时,与数理统计相关的博士点名称为"概率论与数理统计",全国共有6所高校:北京大学、北京师范大学、长沙铁道学院(现中南大学)、南开大学、中国科技大学和中山大学获批。

2010年,国家调整专业学位研究生授权点,由原来的19个增长到39个,应用统计专业硕士点就在增列之中。2011年,78所高校开始招收应用统计专业硕士研究生;2022年招收应用统计专业硕士研究生的高校增至177所。

2011年,国务院学位委员会修订了学科目录:门类由12个变为13个,增加了艺术学门类,且一级学科由88个增加到110个,统计学就在增列之中。统计学成为一级学科后,当年有57所高校获批统计学一级学科博士点、99所高校获批统计学一级学科硕士点。

袁卫教授曾撰文[1]总结了20世纪90年代以后统计

---

[1] 袁卫:《机遇与挑战——写在统计学成为一级学科之际》,《统计研究》2011年第11期。

学的四件大事：第一件大事，在1992年国家技术监督局公布的科技和科研成果统计的学科分类目录中，首次将统计学从经济学中独立出来，成为与经济学、数学等并列的一级学科；第二件大事，1994年中国统计学会、中国概率统计学会和中国现场统计研究会共同成立了中国统计科学联合会，共同组织举办了1995年8月在北京召开的第五十届国际统计大会；第三件大事，1998年中华人民共和国教委（现中华人民共和国教育部）颁布的本科专业目录中，经济类的"统计学"专业与数学类的"数理统计"合并成"统计学"归入理学门类（既可以授理学学士学位，也可以授经济学学士学位），上升成为与数学、物理学、化学、生物学、经济学等并列的学科；第四件大事，在2011年国务院学科委员会修订的学科目录中，统计学成为一级学科，设在理学门类下（既可以授理学学士学位，也可以授经济学学士学位）。

▶▶学科评估结果

到目前为止，我国分别于1988年、2002年、2007年、2012年、2016年、2021年进行了六次全国学科评估。其中，1988年、2002年、2007年都进行了二级学科评估，评出了国家二级重点学科；在2007年的学科评估中，第一次对一级学科进行了评估，评出了国家一级重点学科。但自2010年以后的学科评估，就没有重点学科这一说法

了。另外,也把进入新世纪后的评估依次称为第一轮、第二轮、第三轮、第四轮、第五轮学科评估。

➡➡涉及统计的国家二级重点学科

在2010年统计没有成为一级学科以前,与统计学有关的三个二级学科分别为应用经济学一级学科下的统计学、数学一级学科下的概率论与数理统计、公共卫生与预防医学一级学科下的流行病与卫生统计。

在1988年的学科评估中,经济学一级学科下,厦门大学的统计学获评为二级重点学科;数学一级学科下,北京师范大学、南开大学、华东师范大学的概率论与数理统计获评为二级重点学科;公共卫生与预防医学一级学科下,上海医科大学的流行病与卫生统计获评为国家二级重点学科。

进入21世纪,教育部于2002年开展了首轮学科评估。在此次评估中,经济学一级学科下,中国人民大学和厦门大学的统计学被评为二级重点学科;数学一级学科下,北京大学、北京师范大学、南开大学、中国科学技术大学、中南大学的概率论与数理统计被评为二级重点学科;在医学一级学科下,北京大学、山东大学的流行病与卫生统计被评为二级重点学科。

在2007年的第二轮学科评估中,应用经济学一级学科下,中国人民大学、厦门大学、天津财经大学、西南财经大学的统计学被评为二级重点学科;数学一级学科下,北京大学、北京师范大学、南开大学、中国科学技术大学、中南大学的概率论与数理统计被评为二级重点学科；公共卫生与预防医学一级学科下，北京大学、山东大学、复旦大学的流行病与卫生统计学被评为二级重点学科。

➡️➡️ 统计一级学科评估

自2011年后，教育部对学科评估政策进行了调整，此时不再进行重点学科评估，仅评估一级学科，于是，统计作为新增的一级学科开始单独参评。

在2012年进行的第三轮学科评估中，对各参评学科进行了分段；在2016年进行的第四轮学科评估中，按"学科整体水平得分的位次百分位，将前70%的学科分9档公布：前2%（或前2名）为A+，2%～5%为A（不含2%，下同），5%～10%为A−，10%～20%为B+，20%～30%为B，30%～40%为B−，40%～50%为C+，50%～60%为C，60%～70%为C−。

在2012年进行的第三轮学科评估中，全国共有87所高校的统计学科参加评估，其中，中国人民大学、北京大学、厦门大学学科整体水平得分居前三位；南开大学、东北师范大学、华东师范大学、上海财经大学并列第四位；浙江工商大学、中国科学技术大学、山东大学并列第五位。

在2016年进行的第四轮学科评估中，全国共有121所高校和科研院所的统计学科参加了评估，其中，北

京大学、中国人民大学评估结果为 A+；南开大学、东北师范大学、华东师范大学、厦门大学评估结果为 A；中国科学院大学、北京师范大学、东北财经大学、上海财经大学、浙江工商大学、中国科学技术大学、江西财经大学评估结果为 A-；清华大学、北京交通大学、北京工业大学、首都师范大学、中央财经大学、对外经济贸易大学、首都经济贸易大学、吉林大学、复旦大学、山东大学、中南财经政法大学、中南大学评估结果为 B+。

在 2021 年进行的第五轮学科评估中，共有 128 所高校和科研院所的统计学科参加了评估，仍采用类似第四轮学科评估的分档，但分档比例以及评估结果并没有对全社会公布，而只是把评估结果单线告诉了参评单位。

另外，在 2021 年也进行了应用统计专业硕士学位点的全国评估，共 94 所院校的学位点参加了评估，其分档方式及结果公布与第五轮学科评估类似。

▶▶国家一流学科和一流本科专业

➡➡国家一流学科

为提升我国教育发展水平、增强国家核心竞争力、奠定长远发展基础，2017 年 1 月，经国务院批准同意，教育部、财政部、国家发展和改革委员会印发了《统筹推进世界一流大学和一流学科建设实施办法(暂行)》。

2017 年 9 月，教育部、财政部、国家发展和改革委员会公布了世界一流大学和一流学科（简称"双一流"）建设高校及建设学科名单。其中，北京大学、中国人民大学、南开大学、东北师范大学、华东师范大学、上海财经大学、厦门大学的统计学，清华大学的统计与运筹入选首批"双一流"建设学科。

2022年2月，教育部、财政部、国家发展和改革委员会公布了第二轮"双一流"建设高校及建设学科名单。其中，北京大学、清华大学自主确定建设学科，中国人民大学、南开大学、东北师范大学、华东师范大学、厦门大学的统计学入选第二轮"双一流"建设学科名单。

➡➡**国家一流本科专业**

为深入落实全国教育大会精神，贯彻落实新时代高校本科教育工作会议精神和《教育部关于加快建设高水平本科教育全面提高人才培养能力的意见》、"六卓越一拔尖"计划2.0系列文件等要求，全面振兴本科教育，促进高等教育的内涵式发展，2019年，教育部首次组织开展了一流本科专业建设"双万计划"。面向全部专业，覆盖全部92个本科专业类，分年度开展一流本科专业点建设，且国家级一流本科专业分"赛道"建设，中央部门所属高校、地方高校名额分列。

2019年共有28所高校的统计学类本科专业入选首批国家级一流本科专业建设点，其中包括中央赛道9所，地方赛道19所（表38）。2020年相继又有33所高校统

计学类专业通过中央赛道或地方赛道入选（表39）。

表38　2019年首批统计学一流本科专业

序号	赛道	高校名称	专业名称
1	中央赛道	北京大学	统计学
2	中央赛道	中国人民大学	统计学
3	中央赛道	中央财经大学	统计学
4	中央赛道	南开大学	统计学
5	中央赛道	东北师范大学	统计学
6	中央赛道	华东师范大学	统计学
7	中央赛道	中国科学技术大学	统计学
8	中央赛道	厦门大学	统计学
9	中央赛道	云南大学(部省合建)	统计学
10	地方赛道	首都经济贸易大学	统计学
11	地方赛道	山西财经大学	统计学
12	地方赛道	内蒙古财经大学	应用统计学
13	地方赛道	上海对外经贸大学	应用统计学
14	地方赛道	浙江工商大学	应用统计学
15	地方赛道	安徽财经大学	统计学
16	地方赛道	江西财经大学	应用统计学
17	地方赛道	曲阜师范大学	统计学
18	地方赛道	贵州财经大学	统计学
19	地方赛道	兰州财经大学	统计学
20	地方赛道	东北财经大学	经济统计
21	地方赛道	天津财经大学	经济统计
22	地方赛道	河北金融学院	经济统计
23	地方赛道	河北大学	经济统计
24	地方赛道	浙江财经大学	经济统计
25	地方赛道	江西财经大学	经济统计
26	地方赛道	中南财经大学	经济统计
27	地方赛道	贵州财经大学	经济统计
28	地方赛道	南京财经大学	经济统计

表39 2020年新增统计学一流本科专业

序号	赛道	高校名称	专业名称
1	中央赛道	中国人民大学	应用统计学
2	中央赛道	北京交通大学	统计学
3	中央赛道	北京师范大学	统计学
4	中央赛道	复旦大学	统计学
5	中央赛道	上海财经大学	统计学
6	中央赛道	山东大学	统计学
7	中央赛道	华中师范大学	统计学
8	中央赛道	中南财经政法大学	统计学
9	中央赛道	中山大学	统计学
10	中央赛道	西南财经大学	统计学
11	中央赛道	西安交通大学	统计学
12	中央赛道	北京理工大学	统计学
13	中央赛道	新疆大学	统计学
14	地方赛道	首都师范大学	统计学
15	地方赛道	天津商业大学	应用统计学
16	地方赛道	东北财经大学	应用统计学
17	地方赛道	长春工业大学	统计学
18	地方赛道	吉林财经大学	统计学
19	地方赛道	上海立信会计金融学院	应用统计学
20	地方赛道	南京信息工程大学	应用统计学
21	地方赛道	南京医科大学	应用统计学
22	地方赛道	南京师范大学	统计学
23	地方赛道	江苏师范大学	统计学
24	地方赛道	徐州工程学院	应用统计学
25	地方赛道	安徽大学	统计学
26	地方赛道	安徽师范大学	统计学
27	地方赛道	山东科技大学	统计学
28	地方赛道	山东师范大学	统计学

(续表)

序号	赛道	高校名称	专业名称
29	地方赛道	山东财经大学	统计学
30	地方赛道	河南大学	统计学
31	地方赛道	湖南师范大学	统计学
32	地方赛道	广州大学	统计学
33	地方赛道	云南财经大学	应用统计学

▶▶统计的三个学术组织

在一个学科或专业的发展过程中,离不开相应学术组织的积极推动、科学指导。在统计学科发展中,教育部高等学校统计学类专业教学指导委员会、国务院学位委员会统计学学科评议组、全国应用统计专业学位研究生教育指导委员会分别从统计学本科专业建设、学科建设、专业学位建设等方面发挥了重要的学术指导作用。

➡➡本科教学指导委员会

教育部高等学校统计学类专业教学指导委员会一般由 35 位左右统计学专家组成,设有主任委员 1 人、副主任委员 3~5 人、秘书长 1 人。

根据《教育部高等学校教学指导委员会章程》有关规定,教育部高等学校统计学类专业教学指导委员会(简称统计学教指委)是教育部领导的指导高等学校统计学类本科教育教学工作的最高专家组织,主要开展高等学校统计学类本科教育教学研究、咨询、指导、评估和服务等工作。开展统计学类本科专业设置评议与咨询,指导高等学校开展统计学类一流本科专业建设,推进统计学类人才培养标准体系建设,加强统计学类专业质量文化建设。

➡➡学科评议组

国务院学位委员会统计学学科评议组一般由 9 位左右统计学专家组成,设有召集人 2 人、秘书长 1 人。

根据《中华人民共和国学位条例》及其暂行实施办法有关规定,国务院学位委员会统计学学科评议组,是国务院学位委员会领导下的学术性工作组织,主要任务是评议和审核授予统计学博士、硕士学位的高等学校和研究机构及其学科、专业;对新增授予统计学博士、硕士学位单位的整体条件进行审核。对已批准授权的统计学学位授予单位及其学科、专业,检查和评估其学位授予的质量和授权学科、专业的水平以及授予单位的整体条件,对于不能确保所授学位水平的单位及学科、专业,可以提出停止或撤销其授予学位资格的建议;对各统计学博士学位授予单位的博士生指导教师的遴选情况进行检查和评估等。

➡➡专业学位研究生教育指导委员会

全国应用统计专业学位研究生教育指导委员会一般

由 30 位左右统计学专家组成;设主任委员 1 人、副主任委员 2~6 人、秘书长 1 人。

根据《专业学位研究生教育指导委员会工作规程》有关规定,全国应用统计专业学位研究生教育指导委员会是协助国家统计局开展相应类别专业学位研究生教育研究、咨询、指导、评估和交流合作的专业组织。主要工作内容包括研究并推动应用统计专业学位研究生招生选拔机制改革和培养体系建设,制订和修订应用统计专业学位研究生指导性培养方案、教学大纲和学位基本要求,指导加强应用统计专业学位研究生课程建设和学位论文工作;研究并指导应用统计专业学位研究生实践能力培养,加强与行业实务部门的联系,构建产学研协同创新机制等。

▶▶与统计相关的国家一级学会

统计学科的发展离不开各学会辛苦的付出,国内与统计相关的国家一级学会有中国统计学会、中国现场统计研究会、全国统计教育学会、中国商业统计学会、全国工业统计教学研究会。另外,还有许多二级分会,如中国数学会下的概率统计分会、均匀设计分会等。

➡➡中国统计学会

中国统计学会成立于 1979 年,是全国性研究统计科学的学术性、非营利性社会组织,由单位会员和个人会员自愿组成。业务主管部门是国家统计局。

学会的业务范围包括:

(一)组织、指导、推动会员积极参加统计学术活动。

(二)总结、交流和推广统计科学研究成果和统计工作经验。

(三)举办统计学术报告会和统计科学研讨会,依照有关规定,组织编写、翻译统计书刊。

(四)根据政府相关部门的授权或委托,组织全国统计专业技术资格考试,开展统计专业技术资格评审。

(五)普及和推广统计科学知识,组织统计培训。

(六)调查研究统计工作中的问题,提出改进的建议,开展统计咨询活动。

(七)开展统计学术国际交流活动,研究、介绍国外统计科学的最新研究成果和统计工作的发展情况。

(八)开展与本会宗旨相关的其他活动。

学会现有铁道统计分会、公安统计分会、电力统计分会、烟草统计分会、兵器统计分会、冶金统计分会、石化统计分会、石油化工统计分会、信息化统计分会、《统计年鉴》工作委员会、国际比较统计分会、海洋统计分会等分会。

学会出版的刊物有《统计研究》和《调研世界》。《统计研究》于1984年创刊,《调研世界》于1988年创刊。

➡➡中国现场统计研究会

中国现场统计研究会成立于 1979 年，学会致力于团结和组织应用统计、管理科学及相关学科的科技工作者创新争先，促进这些学科的繁荣和发展，促进应用统计的普及和推广，促进应用统计人才的成长和提高，促进应用统计在工农业、社会科学、医药卫生、经济、管理等领域中的应用，为科技工作者服务、为创新驱动发展服务、为提高全民科学素质服务、为党和政府科学决策服务，推动开放型、枢纽型、平台型科协组织建设，成为党领导下团结联系广大科技工作者的社会团体，为实现中华民族伟大复兴的中国梦而努力奋斗。

学会现有试验设计分会、质量分会、医药与生物统计分会、气象水文地质分会、统计调查分会、生存分析分会、工程概率统计分会、可靠性工程分会、教育统计与管理专业委员会、医药食品优化专业委员会、多元分析应用专业委员会、资源与环境统计分会、统计综合评价研究分会、高维数据统计分会、空间统计分会、计算统计分会、经济与金融统计分会、大数据统计分会、数据科学与人工智能分会、旅游大数据分会、风险管理与精算分会。

学会出版的刊物有：《数理统计与管理》，于 1982 年创刊。

➡➡**中国统计教育学会**

中国统计教育学会成立于1990年,1992年经民政部批准注册登记,是国家统计局指导下进行全国统计教育研究的学术性社会团体。

学会主要职责包括:组织和团结全体会员,在全民中普及统计知识,提高国民统计素养,开展统计教育教学学术研究、经验交流和咨询服务,促进统计教育的改革和发展,提高统计教育水平,为建设中国特色社会主义事业服务。

学会现有高等教育分会、社会经济统计分会、职业教育分会、继续教育分会、基础教育分会、特殊教育统计分会、生物医学统计分会、青年经济统计学者分会。

学会联合教育部高等学校统计学类专业教学指导委员会、全国应用统计专业学位研究生教育指导委员会主办全国大学生统计建模大赛,以在大学生中营造学习统计、应用统计的良好氛围,促进关注经济社会热点、难点问题,适应大数据时代高校及统计部门对统计人才的培养要求,提高大学生数据挖掘、数据分析、运用统计方法及计算机技术处理数据的能力,加强创新思维意识,助力推进统计现代化改革。

➡➡**中国商业统计学会**

中国商业统计学会成立于1987年,是由原商业部、

国家烟草专卖局、中华全国供销合作总社、中石化销售总公司等九大行业部门和单位共同发起,在民政部正式注册的全国性、学术性、非营利性社会组织。学会现隶属于国务院国有资产监督管理委员会,由国家统计局及商务部对其进行业务指导。

中国商业统计学会的主要业务是:

(一)组织、指导、推动会员积极开展应用统计、数据科学、经济管理及相关领域的学术活动。

(二)经政府有关部门批准,开展应用统计、数据科学等相关领域的成果鉴定、技术评价。

(三)总结、交流、推广应用统计、数据科学先进技术和应用经验,举办学术报告会、研讨会和经验交流会。

(四)协同政府、高校和企业,加强应用统计、数据科学、经济管理等相关学科融合发展,培养符合市场需求的复合型人才,举办培训、学科竞赛等。

(五)依照有关规定,组织编辑出版应用统计、数据科学等相关学科的期刊、书籍和音像制品。

(六)接受政府、企业和高校委托的研究课题及调查项目,为政府和社会服务。

(七)研究和制定统计、数据科学相关专业的规范和技术标准,并积极推进实施。

(八)积极开展对外交流与合作,组织国际比赛、国际学术会议等。

现有大数据营销分会、市场调查与教学研究分会、职业教育与大数据分会、数据科学与商业智能分会、中医药健康分会等。

➡➡全国工业统计学教学研究会

全国工业统计学教学研究会成立于1984年,是民政部登记、由教育部主管的国家一级学会。研究会致力于开展工业统计学教育基础理论研究和学术研究,提高工业统计教学水平;推广工业统计教学改革和发展的经验,推动统计教学的信息交流;开展社会调查研究和统计信息咨询服务活动,为工业统计教学改革和统计教育行政管理部门的工作和决策提供建议;开展国际统计教学学术交流,促进我国工业统计教育的改革与发展。

研究会现有产学研工作委员会、企业经济统计分会、健康医疗大数据分会、青年统计学家分会以及数字经济和区块链技术分会等。

参考文献

[1] 陈希孺.统计学漫话[M].北京:科学出版社,1987.
[2] 陈希孺,苏淳.统计学漫话[M].北京:中国科学技术大学出版社,2016.
[3] 陈希孺.统计学概貌[M].北京:科学技术文献出版社,1989.
[4] 陈希孺.数理统计发展简史[M].长沙:湖南教育出版社,2002.
[5] RAO C R.统计与真理——怎样运用偶然性[M].李竹渝,石坚,译.北京:科学出版社,2004.
[6] 梁小筠.正态性检验[M].北京:中国统计出版社,1997.
[7] 何书元.数理统计[M].北京:高等教育出版社,2012.
[8] 茆诗松,王静龙,濮晓龙.高等数理统计[M].北京:高等教育出版社,2006.
[9] 茆诗松,王玲玲.可靠性统计[M].上海:华东师范大学出版社,1984.
[10] 王静龙,梁小筠.魅力统计[M].北京:中国统计出版社,2012.
[11] 王静龙.统计思想欣赏[M].北京:科学出版社,2017.
[12] 韦博成.漫话信息时代的统计学——兼话诺贝尔经济学奖与统计学[M].北京:中国统计出版社,2011.
[13] 韦博成.漫话诺贝尔经济学大师与数学情缘[M].北京:中国

统计出版社,2015.

[14] 西内启. 统计思维——大数据时代瞬间洞察因果的关键技能[M].李晨,译.杭州:浙江人民出版社,2017.

[15] 徐宗本,唐年胜,程学旗.数据科学:它的内涵、方法、意义与发展[M].北京:科学出版社,2022.

[16] FAN J, GIJBELS I. Local Polynomial Modelling and Its Applications[M]. London:Chapman & Hall/CRC,1996.

[17] FISHER R A. Statistical Methods for Research Workers [M]. Edinburgh:Oliver and Boyd,1925.

[18] FISHER R A. The Genetical Theory of Natural Selection [M]. Oxford:The Clarendon Press,1930.

[19] FISHER R A. The Design of Experiments[M]. Edinburgh: Oliver and Boyd,1935.

[20] SALSBURG D.The Lady Tasting Tea[M]. New York:Holt Paperbacks,2001.

[21] SHAO J, TU D.The Jackknife and Booststrap[M]. New York:Springer,1995.

附 录

附录 1 COPSS 奖获奖名录

由美国统计学会(ASA)、国际数理统计学会(IMS)、美东及美西计量协会(ENAR and WNAR)、加拿大统计学会(SSC)等五个统计学会的会长组成"统计学会会长委员会"(Committee of Presidents of Statistical Societies,COPSS),在 1976 年设立考普斯会长奖(COPSS Presidents' Award),每年授予一位 40 岁以下的统计学杰出学者。COPSS 奖获奖名录见附表 1。

附表 1 COPSS 奖获奖名录

年份	姓名	获奖时的工作单位
1981	Peter J. Bickel	加州大学伯克利分校
1982	Stephen E. Fienberg	卡内基·梅隆大学
1983	黎子良(Tze Leung Lai)	斯坦福大学
1984	David V. Hinkley	加州大学圣芭芭拉分校

（续表）

年份	姓名	获奖时的工作单位
1985	James O. Berger	杜克大学
1986	Ross L. Prentice	弗雷德·哈钦森癌症中心
1987	吴建福（C.F.Jeff Wu）	威斯康星大学
1988	Raymond J. Carroll	德克萨斯 A&M 大学
1989	Peter G. Hall	澳大利亚国立大学
1990	Peter McCullagh	芝加哥大学
1991	Bernard W. Silverman	布里斯托大学
1992	Nancy M. Reid	多伦多大学
1993	王永雄（Wing-Hung Wong）	哈佛大学
1994	David L. Donoho	斯坦福大学
1995	Iain M. Johnstone	加州大学伯克利分校
1996	Robert J. Tibshirani	多伦多大学
1997	Kathryn Roeder	卡内基·梅隆大学
1998	Pascal Massart	巴黎第十一大学
1999	Larry A. Wasserman	卡内基·梅隆大学
2000	范剑青（Jianqing Fan）	北卡罗来纳大学
2001	孟晓犁（Xiao-Li Meng）	芝加哥大学
2002	刘军（Jun Liu）	哈佛大学
2003	Andrew Gelman	哥伦比亚大学
2004	Michael A. Newton	威斯康星大学
2005	Mark J. van der Laan	加州大学伯克利分校
2006	林希虹（Xihong Lin）	哈佛大学
2007	Jeffrey S. Rosenthal	多伦多大学
2008	蔡天文（T.Tony Cai）	宾夕法尼亚大学
2009	Rafael A. Irizarry	约翰斯·霍普金斯大学

(续表)

年份	姓名	获奖时的工作单位
2010	David B. Dunson	杜克大学
2011	Nilanjan Chatterjee	美国国家癌症研究所
2012	寇星昌(Samuel Kou)	哈佛大学
2013	Marc A. Suchard	加州大学洛杉矶分校
2014	Martin J. Wainwright	加州大学伯克利分校
2015	John D. Storey	普林斯顿大学
2016	Nicolai Meinshausen	苏黎世联邦理工学院
2017	Tyler J. VanderWeele	哈佛大学
2018	Richard Samworth	剑桥大学
2019	Hadley Wickham	奥克兰大学
2020	Rina Foygel Barber	芝加哥大学
2021	Jeffrey T. Leek	约翰斯·霍普金斯大学
2022	Daniela Witten	华盛顿大学

COPSS 奖是国际统计领域的最高奖项,每年在北美最大的统计年会联合统计会议(Joint Statistical Meetings,JSM)上颁发。请有兴趣的读者参阅由 50 位获奖者撰写的文集[1]。

2022 年 10 月,由国际著名统计学家 Peter Rousseeuw 教授捐资设立的 The Rousseeuw Prize for Statistics,首次颁给了五位统计学家:James Robins,An-

---

[1] Lin, X., Genest, C., Banks, D., Molenberghs, G., Scott, D., and Wang J. L. *Past, Present, and Future of Statistical Science* (Chapman & Hall/CRC, 2014).

drea Rotnitzky，Thomas Richardson，Miguel Hernan 和 Eric Tchetgen Tchetgen。该奖项奖金 100 万美元，每两年颁发一次。

附录 2　四个与统计相关的国际学术组织

➡➡国际数理统计学会

国际数理统计学会（Institute of Mathematical Statistics，IMS），成立于 1933 年，总部设在美国，是权威的全球性统计与概率国际学术组织之一。学会着重发展和推广统计与概率的理论及应用，现有来自世界各国的会员约为 4 000 人。

学会主办的刊物有：*Annals of Statistics*、*Annals of Probability*、*Statistical Science* 和 *Annals of Applied Probability*。

➡➡国际统计学会

国际统计学会（International Statistical Institute，ISI），成立于 1885 年，是较早成立的国际组织之一，是开展国际统计学家的合作交流活动，致力于发展和改进统计方法及其应用的国际性学术团体。学会永久办公地点位于荷兰海牙。

学会的宗旨是：鼓励统计学家的国际协作，交流其专业知识，培养统计兴趣，提高统计水平；协助对促进国际统计发展有兴趣的统计团体与统计组织建立协作关系，培养能胜任工作的统计专家；研究统计理论，评论统计方法和统计实践，鼓励统计研究工作，并推动统计方法在各个领域中的应用；促进各国采用最有效的统计方法；提高国际间统计数字的可比性；奖励公众评定优良的统计实践和有效的统计方法。

学会每两年举办一场国际大会，也即通常所说的 ISI Session(ISI 会期)，2011 年改称为 World Statistics Congress(世界统计大会)，且自 2017 年起颁发 International Prize in Statistics，该项奖金 8 万美元。前三位获奖者分别是 David Cox（2017），Bradley Efron（2019）和 Nan Laird（2021）。

学会主办的刊物有：*International Statistical Review* (ISR)、*International Statistical Review – Book Reviews*、ISR *Table of Contents Alert* 和 *Stat*。

➡➡伯努利数理统计与概率学会

伯努利数理统计与概率学会(Bernoulli Society for Mathematical Statistics and Probability，BSMSP)，成立于 1975 年，以在数学与科学上享有盛名的瑞士巴塞尔伯努利家族命名。1961 年初建时名为"国际自然科学统计协会"(International Association for Statistics in Physical Sciences，IASPS)。总部设在荷兰。

学会的宗旨是：促进概率（包括随机过程理论）和数理统计科学的发展及应用。学会除设理事会、执行委员会外，还设六个常务委员会进行活动：自然科学统计委员会（继续学会前身的活动）、随机过程大会委员会、时间序列委员会、伯努利学会欧洲地区委员会、伯努利学会拉美地区委员会、伯努利学会亚太地区委员会。

学会主办的刊物有：*Bernoulli*。

➡➡国际泛华统计协会

国际泛华统计协会（International Chinese Statistical Association，ICSA），是国际统计著名学会之一。协会每两年召开一次会议。

学会主办的刊物有：*Statistics in Biosciences*、*Statistica Sinica*。

后　记

  2015 年 8 月国务院印发了《促进大数据发展行动纲要》，2016 年 6 月国务院印发了《关于促进和规范健康医疗大数据应用发展的指导意见》，以及 2017 年 7 月国务院印发了《新一代人工智能发展规划》，都意味着大数据与人工智能已成为国家战略。另外，自 1994 年提出数字经济[①]概念以来，特别是近十年，数字经济得到了蓬勃发展，且数据已被我国确立为"生产要素"。《2020 年政府工作报告》中提到培育数据市场，打造数字经济新优势。

  为了更好地培养数据科学人才，教育部分别于 2016 年、2018 年批准设立了"数据科学与大数据技术"及"大数据管理与应用"两个本科专业；境外多所大学（如耶鲁大学），把统计系更名为统计与数据科学系。国内自南开大学于 2018 年率先成立统计与数据科学学院之后，有多所大学（如复旦大学、厦门大学、南方科技大学等）把

[①] Don Tapscott, *Digital Economy-Promise and Peril in the Age of Networked Intelligence* (New York: Times Business, 1994).

统计系更名为统计与数据科学系。据不完全统计,每年有超1 000所高校培养数据科学方向的本科生。

由此可见,大数据和人工智能给统计带来了更多的发展机遇,社会对统计知识和人才的需求非常旺盛,统计学的"春天"来了。但我们也必须看到,统计也面临着大数据和人工智能带来的严峻挑战。比如,传统统计方法很难处理结构化的大数据,以及非结构化或半结构化的大数据,也不十分注重高效算法的研究;虽然统计研究的问题来自实际,但当我们面对某些非常复杂的超大规模的实际问题时,传统统计方法却很难单独完成;统计教育及知识体系也需要与时俱进,以满足社会高速发展的需要。

约翰·图基在1962年的文章中写道(吴喜之教授翻译):"什么是未来?未来的数据分析能够涉及巨大的进步,克服真正的困难,并服务科技各领域,会是这样的吗?这完全取决于我们,取决于我们是愿意选择解决实际问题的坎坷道路,还是选择由不真实的假设、武断的准则及脱离实际的抽象结果构成的平坦道路。谁来应对挑战?"

为应对数据科学给统计学带来的机遇与挑战,2018年10月15—17日,"十字路口的统计:数据科学时代的挑战与机遇"研讨会在美国弗吉尼亚举行。此次研讨会聚集了48位著名的研究人员和教育工作者,并撰写了一份名为"十字路口的统计学:谁在应对挑战?"(Statistics at a crossroads:who is for the challenge?)的研讨会报告[①]，此报告由何旭铭[②]教授组织，并经指导委员会（成员包括 James Berge，何旭铭，David Madigan，Susan Murphy，郁彬，Jon Weller）审核确定（网上有吴喜之教授的中文翻译稿）。

报告在摘要之前引用了约翰·图基于 1962 年写的上述文字，且在摘要中就直接说"统计领域正处于十字路口：我们要么通过拥抱和引领数据科学而蓬勃发展，要么拒绝并变得无关紧要。从长远来看，要繁荣发展，我们必须重新定义、扩展和转变统计领域。我们必须发展并成为从数据中收集和提取有用信息的跨学科科学。""成功转型的机会窗口有限，我们绝不能错过。""学术院系必须采取大胆和战略性的行动来领导和推动转型。""我们现在不站出来，就有可能失去资源、人才，甚至失去统计的未来。""今天，我们的毕业生很容易找到工作，这反映出数据科学家对市场的绝望，但这不应该让我们感到轻松。""统计理论可以为实践提供关键的支架，例如詹姆斯坦估计(James-Stein estimator)的开创性理论工作，引导我们规范化，这对大数据非常有用。""统计学家需要紧密

[①] He, X., Madigan, D., Yu, B., and Wellner, J., "Statistics at a crossroads: who is for the challenge?," https://www.nsf.gov/mps/dms/documents/Statistics_at_a_Crossroads_ Workshop_Report_2019.pdf).

[②] 何旭铭，著名统计学家，美国密歇根大学安娜堡分校教授。1984 年复旦大学数学系本科毕业，1988 年、1989 年在美国伊利诺依大学香槟分校分别获统计学硕士及博士学位。曾任美国国家科学基金会统计学科主任、国际泛华统计协会（ICSA）主席，国际统计学会（ISI）主席，以及《美国统计协会杂志》(JASA)主编。研究兴趣包括稳健统计、分位数回归、贝叶斯计算等。

联系实际问题,并基于经验与理论开发一般工具,为数据科学提供见解。""统计研究必须反映和捕捉现实数据中存在的问题,如研究动态建模、因果分析和关于不独立及异质性的统计推断方法等。""我们需要重新构思博士学位课程,以适应统计学的必要转变。"等等。

此报告共分五部分:统计和数据科学的作用/价值、科学和社会应用中的挑战、基础研究、专业文化与社区责任和博士教育。第一部分主要阐述了统计作为数据驱动学科的价值与应用,可以帮助其他领域的科学家或领导者,如社会科学、医学、工程、金融、工业、治理、体育等挖掘大数据的真正潜力;统计的进步可以对许多应用方法产生重大影响,如自助法(Bootstrap)、马氏链蒙特卡洛(MCMC)和贝叶斯计算等;统计和数据科学的核心价值在于促进科学和社会的理解与发现;统计发展了数据分析原则的基础和理论,如适应于大数据的非参数方法,包括随机森林、深度神经网络等。第一部分也阐述了统计与人工智能的关系。第二部分主要阐述了科学和社会应用中给统计带来的挑战,如复杂的数据形式(数字、图像/视频、语音等数据形式,还有数据海量及高速产生等),如保健或精准健康等领域需要对多模式、多尺度、多视角、异质和相依数据进行集成和推断,如时空数据等,都给统计学带来了严重挑战;另外,随着国家对数据隐私的日益重视,关于数据清洁和差分隐私(differential privacy, DP)的统计分析,也给统计带来了挑战;虽然统计可以在量子信息科学中发挥关键作用,如量子设备的认证等,但迫切需要关于量子技术发展和量子计算技术的统计方法与理论。第三部分主要阐述了统计基础理论研究的价值,以及发展新的理论以应对数据的挑战,包括模型与算法融合的稳健模型,平衡统计和计算效率间的通用统计框架,数据驱动的推断范式中的统计框架,基于观察性研究的因果推断,针对大数据的重抽样及分布式统计推断,大规模非凸优化统计模型的求解及收敛性,以及深度学习给统计提出的问题,等等。第四部分主要阐述了如何建立一种文化,以鼓励和培训新一代统计学家和数据科学家去拥抱新的现实。第五部分主要阐述了在未来10～20年内可能采取的步骤(包括课程、培养目标与培养方式等),以确保统计学领域的博士教育为下一代领导者做好准备,确保毕业生能从事数据科学,并保持卓越的统计研究水平。

总之,在百年未有之大变局的新时代,大数据及人工智能在给统计学科带来极大发展机遇的同时,也提出了严峻挑战。挑战与机遇并存,挑战往往蕴含着机遇,统计学的春天来了。

欢迎有志者加入统计队伍,张开双臂,拥抱生机勃勃的统计学的春天!携手共创灿烂辉煌的统计学的明天!

正所谓:

百年大变局,智能新时代。国策统筹划,数据计耕耘。

"走进大学"丛书书目

什么是地质？	殷长春	吉林大学地球探测科学与技术学院教授（作序）
	曾 勇	中国矿业大学资源与地球科学学院教授 首届国家级普通高校教学名师
	刘志新	中国矿业大学资源与地球科学学院副院长、教授
什么是物理学？	孙 平	山东师范大学物理与电子科学学院教授
	李 健	山东师范大学物理与电子科学学院教授
什么是化学？	陶胜洋	大连理工大学化工学院副院长、教授
	王玉超	大连理工大学化工学院副教授
	张利静	大连理工大学化工学院副教授
什么是数学？	梁 进	同济大学数学科学学院教授
什么是统计学？	王兆军	南开大学统计与数据科学学院执行院长、教授
什么是大气科学？	黄建平	中国科学院院士 国家杰出青年基金获得者
	刘玉芝	兰州大学大气科学学院教授
	张国龙	兰州大学西部生态安全协同创新中心工程师
什么是生物科学？	赵 帅	广西大学亚热带农业生物资源保护与利用国家 重点实验室副研究员
	赵心清	上海交通大学微生物代谢国家重点实验室教授
	冯家勋	广西大学亚热带农业生物资源保护与利用国家 重点实验室二级教授
什么是地理学？	段玉山	华东师范大学地理科学学院教授
	张佳琦	华东师范大学地理科学学院讲师
什么是机械？	邓宗全	中国工程院院士 哈尔滨工业大学机电工程学院教授（作序）
	王德伦	大连理工大学机械工程学院教授 全国机械原理教学研究会理事长

什么是材料?	赵　杰	大连理工大学材料科学与工程学院教授
什么是自动化?	王　伟	大连理工大学控制科学与工程学院教授
		国家杰出青年科学基金获得者(主审)
	王宏伟	大连理工大学控制科学与工程学院教授
	王　东	大连理工大学控制科学与工程学院教授
	夏　浩	大连理工大学控制科学与工程学院院长、教授
什么是计算机?	嵩　天	北京理工大学网络空间安全学院副院长、教授
什么是土木工程?		
	李宏男	大连理工大学土木工程学院教授
		国家杰出青年科学基金获得者
什么是水利?	张　弛	大连理工大学建设工程学部部长、教授
		国家杰出青年科学基金获得者
什么是化学工程?		
	贺高红	大连理工大学化工学院教授
		国家杰出青年科学基金获得者
	李祥村	大连理工大学化工学院副教授
什么是矿业?	万志军	中国矿业大学矿业工程学院副院长、教授
		入选教育部"新世纪优秀人才支持计划"
什么是纺织?	伏广伟	中国纺织工程学会理事长(作序)
	郑来久	大连工业大学纺织与材料工程学院二级教授
什么是轻工?	石　碧	中国工程院院士
		四川大学轻纺与食品学院教授(作序)
	平清伟	大连工业大学轻工与化学工程学院教授
什么是海洋工程?		
	柳淑学	大连理工大学水利工程学院研究员
		入选教育部"新世纪优秀人才支持计划"
	李金宣	大连理工大学水利工程学院副教授
什么是海洋科学?		
	管长龙	中国海洋大学海洋与大气学院名誉院长、教授
什么是航空航天?		
	万志强	北京航空航天大学航空科学与工程学院副院长、教授
	杨　超	北京航空航天大学航空科学与工程学院教授
		入选教育部"新世纪优秀人才支持计划"

什么是生物医学工程？
    万遂人 东南大学生物科学与医学工程学院教授
        中国生物医学工程学会副理事长（作序）
    邱天爽 大连理工大学生物医学工程学院教授
    刘 蓉 大连理工大学生物医学工程学院副教授
    齐莉萍 大连理工大学生物医学工程学院副教授

什么是食品科学与工程？
    朱蓓薇 中国工程院院士
        大连工业大学食品学院教授

什么是建筑？ 齐 康 中国科学院院士
        东南大学建筑研究所所长、教授（作序）
    唐 建 大连理工大学建筑与艺术学院院长、教授

什么是生物工程？ 贾凌云 大连理工大学生物工程学院院长、教授
        入选教育部"新世纪优秀人才支持计划"
    袁文杰 大连理工大学生物工程学院副院长、副教授

什么是哲学？ 林德宏 南京大学哲学系教授
        南京大学人文社会科学荣誉资深教授
    刘 鹏 南京大学哲学系副主任、副教授

什么是经济学？ 原毅军 大连理工大学经济管理学院教授

什么是经济与贸易？
    黄卫平 中国人民大学经济学院原院长
        中国人民大学教授（主审）
    黄 剑 中国人民大学经济学博士暨世界经济研究中心研究员

什么是社会学？ 张建明 中国人民大学党委原常务副书记、教授（作序）
    陈劲松 中国人民大学社会与人口学院教授
    仲婧然 中国人民大学社会与人口学院博士研究生
    陈含章 中国人民大学社会与人口学院硕士研究生

什么是民族学？ 南文渊 大连民族大学东北少数民族研究院教授

什么是公安学？ 靳高风 中国人民公安大学犯罪学学院院长、教授
    李姝音 中国人民公安大学犯罪学学院副教授

什么是法学？ 陈柏峰 中南财经政法大学法学院院长、教授
        第九届"全国杰出青年法学家"

什么是教育学？ 孙阳春 大连理工大学高等教育研究院教授
    林 杰 大连理工大学高等教育研究院副教授

什么是体育学？	于素梅	中国教育科学研究院体育美育教育研究所副所长、研究员
	王昌友	怀化学院体育与健康学院副教授
什么是心理学？	李 焰	清华大学学生心理发展指导中心主任、教授（主审）
	于 晶	曾任辽宁师范大学教育学院教授
什么是中国语言文学？		
	赵小琪	广东培正学院人文学院特聘教授
		武汉大学文学院教授
	谭元亨	华南理工大学新闻与传播学院二级教授
什么是新闻传播学？		
	陈力丹	四川大学讲席教授
		中国人民大学荣誉一级教授
	陈俊妮	中央民族大学新闻与传播学院副教授
什么是历史学？	张耕华	华东师范大学历史学系教授
什么是林学？	张凌云	北京林业大学林学院教授
	张新娜	北京林业大学林学院副教授
什么是动物医学？	陈启军	沈阳农业大学校长、教授
		国家杰出青年科学基金获得者
		"新世纪百千万人才工程"国家级人选
	高维凡	曾任沈阳农业大学动物科学与医学学院副教授
	吴长德	沈阳农业大学动物科学与医学学院教授
	姜 宁	沈阳农业大学动物科学与医学学院教授
什么是农学？	陈温福	中国工程院院士
		沈阳农业大学农学院教授（主审）
	于海秋	沈阳农业大学农学院院长、教授
	周宇飞	沈阳农业大学农学院副教授
	徐正进	沈阳农业大学农学院教授
什么是医学？	任守双	哈尔滨医科大学马克思主义学院教授
什么是中医学？	贾春华	北京中医药大学中医学院教授
	李 湛	北京中医药大学岐黄国医班（九年制）博士研究生
什么是公共卫生与预防医学？		
	刘剑君	中国疾病预防控制中心副主任、研究生院执行院长
	刘珏	北京大学公共卫生学院研究员
	么鸿雁	中国疾病预防控制中心研究员
	张 晖	全国科学技术名词审定委员会事务中心副主任

什么是药学？	尤启冬	中国药科大学药学院教授
	郭小可	中国药科大学药学院副教授
什么是护理学？	姜安丽	海军军医大学护理学院教授
	周兰姝	海军军医大学护理学院教授
	刘 霖	海军军医大学护理学院副教授
什么是管理学？	齐丽云	大连理工大学经济管理学院副教授
	汪克夷	大连理工大学经济管理学院教授
什么是图书情报与档案管理？		
	李 刚	南京大学信息管理学院教授
什么是电子商务？	李 琪	西安交通大学经济与金融学院二级教授
	彭丽芳	厦门大学管理学院教授
什么是工业工程？	郑 力	清华大学副校长、教授（作序）
	周德群	南京航空航天大学经济与管理学院院长、二级教授
	欧阳林寒	南京航空航天大学经济与管理学院研究员
什么是艺术学？	梁 玖	北京师范大学艺术与传媒学院教授
什么是戏剧与影视学？		
	梁振华	北京师范大学文学院教授、影视编剧、制片人
什么是设计学？	李砚祖	清华大学美术学院教授
	朱怡芳	中国艺术研究院副研究员